口才江湖

高情商说好场面话

江白————著

中国经济出版社
·北京·

图书在版编目（CIP）数据

口才江湖：高情商说好场面话 / 江白著 . -- 北京：中国经济出版社，2024.11. --ISBN 978-7-5136-7948-0

Ⅰ . C912.13-49

中国国家版本馆 CIP 数据核字第 2024N8J411 号

责任编辑　张梦初　高　鑫
责任印制　马小宾
封面设计　仙　境

出版发行　中国经济出版社
印刷者　　三河市宏顺兴印刷有限公司
经销者　　各地新华书店
开　　本　880mm×1230mm　1/32
印　　张　6
字　　数　138 千字
版　　次　2024 年 11 月第 1 版
印　　次　2024 年 11 月第 1 次
定　　价　52.00 元
广告经营许可证　京西工商广字第 8179 号

中国经济出版社 网址 http://epc.sinopec.com/epc/ 社址 北京市东城区安定门外大街 58 号 邮编 100011
本版图书如存在印装质量问题，请与本社销售中心联系调换（联系电话：010-57512564）

版权所有　盗版必究（举报电话：010-57512600）
国家版权局反盗版举报中心（举报电话：12390）　　服务热线：010-57512564

前 言
PREFACE

  人是社会化产物。在社会生活中，人与人之间的关系多是在一定的场合下缔结的，这就不可避免要在各种场合下与人交流沟通。于是诞生了所谓的"场面话"。

  顾名思义，场面话就是在特定场合下说的话。好的场面话可能不是我们内心最直接、最真实的意愿表达，却是最符合当时情境、最能照顾各方情绪、最抚慰人心的话。

  诸多事实证明，我们能否游刃有余地说好场面话，在一定程度上影响着我们人际关系的质量，决定着我们事业发展的高度。所以，说好场面话是我们每个人一生必修的功课。

  场面话，要说得好、说得巧，才会成为我们人际交往的"利器"。古语云："言之无文，行而不远。"如果场面话说得没有水平、没有力度，言之无物，只是冰冷词汇的堆砌，便如同失去了灵魂，即便一时博得了眼球，也难以在他人心中留下深刻印记，更别说获得满意的效果了。可以说，把场面话说得恰到好处是一种艺术、一种能力，是智慧和情商的双重印证。

  《口才江湖——高情商说好场面话》全方位、多层次地解读了场面话背后深邃的"术"与"道",在教授具体表达方法与技巧("术")的同时,深入解读其背后的文化认同、情感共鸣与心理洞察("道"),然后在此基础上将两者充分结合起来,通过一个个典型生动的案例,教会读者如何将场面话说好、说巧,借以搭建起友谊的桥梁,构建起和谐的人际关系。

作为一本全面、实用的场面话使用指南,本书致力于为每一位热衷于提升自我、希望拓展社交疆界的读者铺设一条通向高情商沟通的快速路。

我们衷心期望,通过本书的深入解读和悉心引导,每位读者都能知悉场面话的意义,能在纷繁复杂的人际交往中,根据不同的交往对象、环境与沟通目的,设计出打动人心的场面话,做到既言之有物,又言之有情,成为处处受欢迎的"场面人"。

目录
CONTENTS

上篇 场面话的真与假：入世的标法与根基

第一章 场面上要说场面话

人生"三碗面"：情面、脸面、场面 …… 002
说好场面话，做应酬高手 …… 005
用场面话敲开对话之门 …… 008
高情商是说好场面话的关键 …… 010
说好场面话的五要素：表情、用词、适境、技巧、分寸 … 014

第二章 场面话是必说的客套话

场面话不是简单的客套话 …… 018
有些客套话，当真你就输了 …… 020
客套重要，怎么客套更重要 …… 023
修饰过的赞美更抚慰人心 …… 026

第三章　人情话是最好的场面话

高手说话，20% 内容，80% 情绪 ……………… 030

人情话，可咸，亦可甜 ……………………… 034

人情话就是会"说软话" ……………………… 037

非暴力沟通：不带情绪说话 …………………… 040

中篇　场面话的情与理：互动的风范与格局

第四章　场面话重情不贵理

说话，要情在前理在后 ……………………… 044

话里话外要透着"温暖" ……………………… 046

不要一上来就预设立场 ……………………… 049

多创造说"是"的谈话氛围 …………………… 052

第五章　初次见面，言谈决定印象

用场面话消除陌生感 ………………………… 056

适时沉默，适度表达 ………………………… 059

听懂"暗语"，明白弦外之音 ………………… 062

说话要对味、对时、对场合 …………………… 066

第六章　求人办事巧赞美

如何让赞美精准到位 ………………………… 070

赞美要少走形式，多走心 …………………… 073

掌握间接赞美的技巧 ·············· 076
夸人的话要不落俗套 ·············· 079
催人办事，莫提催字 ·············· 081

第七章　让人脉在感恩中延续

站在对方的立场说话 ·············· 086
学会"共情式"交流 ················ 089
高情商致谢"三步走" ·············· 092
礼尚往来不逾矩 ···················· 095
精准表达承诺或回馈意愿 ········ 098

下篇　场面话的说与演：话术的设计与施行

第八章　用开场白打开气场

说好开场白，要这样做 ············ 102
定位好自己的角色再开口 ········ 105
说好东道主式开场白 ·············· 108
一开口就要与听众产生共鸣 ····· 111

第九章　吃出人情世故，说出人脉关系

喝的不是酒，喝的是人情世故 ··· 116
饭桌上要不要出口成章 ············ 119
恰到好处地运用流行语 ············ 123

敬酒、劝酒，有话说 …………………………… 127
得体而不伤和气地拒酒 ………………………… 130

第十章　好的场面话是设计出来的

意在言先，意随言转 …………………………… 134
话题展开，遵循"四部曲"策略 ………………… 137
即兴成篇：三定四问五借 ……………………… 141
引导对话：灵活地承接话题 …………………… 144
遵循逻辑：说话要有层次感 …………………… 148
完美收官：散席的点睛之笔 …………………… 152

第十一章　说好场面话，日后好相见

拒绝，要"拒"而不"绝" ……………………… 156
用好"理应……不过……"句式 ……………… 159
答非所问，给请托者以暗示 …………………… 162
借用"别人的意思"来拒绝 …………………… 165
拒绝时不忘帮着"打圆场" …………………… 168

第十二章　不同的场合，不一样的场面话

不同的场合，说不同的话 ……………………… 172
高情商应对尴尬时刻 …………………………… 175
打破冷场，做氛围调节师 ……………………… 178
三角交流：从"应景"到"造景" ……………… 182

上篇　场面话的真与假：入世的标法与根基

第一章

场面上要说场面话

场面话，作为一种社交工具，既是我们融入各种场合的"入场券"和"敲门砖"，又是展现我们自身修养与情商的窗口。对如何在社交"舞台"上恰如其分地展现自我，获得良好和谐的人际关系，积攒起强大的人脉至关重要。

人生"三碗面":情面、脸面、场面

在中国社会文化中,情面、脸面、场面犹如三根支柱,共同支撑着复杂而微妙的人际关系网络。它们不仅是社交互动的润滑剂,也是解读国人一些行为逻辑和文化心态的"钥匙"。

举个例子。一家公司有两位部门经理——王经理和李经理。他们私下是好朋友,经常一起聚会聊天,这是"情面"的体现。一次,王经理负责的项目出现了一些问题,如果项目因此失败,他就会丢了"脸面"。在汇报工作时,李经理主动站出来为王经理说话,他向老板详细解释了项目出现问题的客观原因,并特别强调王经理一直在积极努力解决问题。这就是情面和场面。

现实生活中有很多类似的例子,其中都牵扯到情面、脸面和场面。毫不夸张地说,这三者几乎贯穿了人们日常生活的方方面面,同时也是人们维护和谐关系的重要纽带。

1. 情面:人际关系的润滑剂

情面不仅指情分和面子,也包含了一种相互间的理解和尊重。在中国文化中,情面很多时候比事实更重要。比如,在商务谈判中,即使双方利益存在冲突,也往往会因为顾及彼此的情面而采取更为和缓、委婉的方式来表达立场,甚至做出一些让步。这种重视情面的做法,有助于维护双方长期合作关系。

除了是一种情感纽带外，情面也体现了人与人之间的一种义务感。当某人给予我们情面时，我们通常会觉得有义务在未来某个时刻给予适当的回报。

2. 脸面：尊严和社会地位的象征

在中国传统文化中，脸面是个人尊严和社会地位的象征。它关乎个人的荣誉、名声以及在社会中的地位。所以，人们在公共场合往往会表现出一种强烈的自尊心和面子观念。比如，在婚礼、庆典等场合，主人往往会不惜花费巨资来打造一场盛大的宴会，因为这样有脸面。

通常，脸面代表了其社会认同。一个人的脸面越大，他在社会中的地位就越高，受到的尊重也就越多。因此，人们往往愿意通过各种方式来提升自己的脸面，如追求高学历、高职位、高收入，融入高级圈层等。

从古至今，"面子"观念在中国人的内心根深蒂固，无论是身处高位的帝王将相，还是平凡的布衣百姓，都深受这种面子情结的影响。这种情结，既体现了国人对尊严与荣誉的追求，也折射出社会交往中复杂而微妙的人际关系。

3. 场面：实力与形象的展示

场面是一种社交排场，体现了人们对礼仪、规矩和形式的重视。在各种社交场合中，人们都会精心打造场面，以展现自己的实力和形象，其主要目的有三个：

一是展现礼仪。在中国文化中，礼仪被视为一种表达尊重、敬意和友好的方式。因此，在各种社交场合中，人们都会遵循一定的礼仪规范来展现自己的教养和素质。

二是形象展示。通过精心策划和组织各种社交活动，如婚礼、庆典、商务宴请等，向外界展示自己的经济实力、社会关系和个人影响力。这种展示不仅有助于提升个人的社会地位，也有助于增强个人的自信心和满足感。

三是社交策略。人们往往通过营造盛大的场面来吸引他人的注意和关注。这种策略不仅有助于扩大个人的社交圈子，也有助于获取更多的资源和机会。

在现实生活中，情面、脸面、场面对一个人的社会地位有着极其重要的影响。只有真正做到顾得好脸面、端得好情面、撑得起场面，方可游刃有余地活跃于各种社交场合，成为处处吃得开的"场面人"。

当然，过度重视"三面"也可能导致一些负面影响，如滋生形式主义、虚荣心和攀比心等。因此，在理解和运用"三面"时，要保持一种平和和理性的心态。

说好场面话，做应酬高手

场面话，顾名思义，就是适合在特定场面讲的一些话。比如，"见到您非常高兴""下次请您喝茶""改天请您吃饭""有时间向您请教"，等等。有人可能会说，场面话就是逢场作戏，说一些永远也兑现不了的谎话、胡话、瞎话、废话、鬼话。

其实不然，说场面话是社交礼仪的重要方面，体现了一个人的交际智慧，是人际交往时的必备用语。很多时候，不会讲场面话，社交之路会有很多障碍；不懂场面话，友谊之桥难以搭建；忽视场面话，人脉之网无法顺利织就。善于讲场面话的人，总能轻松化解尴尬，拉近与他人的距离，建立起广泛的人脉网络。

恰当地说场面话，不仅是一种语言修养，也是一种社交技能。我们时常遇到这样的场景，一个陌生人向你走来，说："对不起，打扰一下。"这时候，我们可能会说："哦，没关系。您有什么事？""请问到××大街怎么走？"我们的做法通常是尽可能给予帮助。

为什么要热心帮助一个陌生人呢？一个重要原因是他的礼貌与教养！对方使用了"对不起""打扰""请问"等礼貌用语，我们能从中感受到对方的诚意。其实，这些礼貌用语就是典型的场面话。特别是与陌生人对话时，要让对方对自己瞬间产生好感，乐于和我们交流，一定要说并努力说一些场面话。

比如，初次见面说"久仰"，看望别人说"拜访"，等候客人用"恭候"，请人勿送用"留步"，请人帮忙说"劳驾"，求给方便说"借光"，请人指导说"请教"，请人指点说"赐教"，欢迎购买叫"光顾"，问老人年龄称"高寿"，客人来到说"光临"，中途要走说"失陪"，送客出门说"慢走"，与客道别说"再来"，麻烦别人说"打扰"，托人办事说"拜托"……

这些都是最基本的交际语，也是最初级的场面话。在生活与工作中，在不同的场合，针对不同的人、事、情，会不会说不同的场面话，非常考验一个人的交际能力。比如，有的人经常说话不看场面，心里怎么想嘴上就怎么说，直来直去。身边人对他的评价，好听一点的可能是"他是个实在人""心直口快"，难听一点的可能是"这人不太会说话"，再难听点的可能是"这人不太懂事儿""情商有些低""说话不过脑子"。

虽然场面话常被视为缺乏实际内容的"废话"，或仅仅是礼节性的寒暄，但是，能否说好场面话，常常能体现出一个人的修养与交际智慧，进而影响他的交际活动和交际效果。

例如，有朋友邀请你参加宴会，你热情地说："真是太感谢你的邀请了，我很期待今晚的时光。"会显得很贴切、得体。如果因故无法出席，可以婉转地说："真希望我能亲自参与这愉悦的聚会，遗憾的是，今日有些紧急的工作需处理，不得不缺席，未来有机会，我一定补上这份相聚的喜悦。"这样的回答既体现了对邀请的重视与感激，又合理解释了缺席原因，让人听了很温暖。反之，如果冷冰冰地来一句"哦，我今天有个约会，就不去了"，会显得生硬，缺乏人情味。

有的人会认为，朋友之间的交往贵在真诚，没有必要讲一些客套话、场面话。其实不然，恰到好处的客套与场面话并非虚伪，而是一种教养、一种礼仪，体现了对他人及社交规则的基本尊重。在亲密关系中，适时得体地讲一些场面话，会让彼此相处得更融洽、更愉悦。

不论置身哪种社交环境和场合，面对什么样的人群，说好场面话不但是打通人际交往的一把金钥匙，更是一种低成本、高回报的应酬技能——它如同一座桥梁，连接着你与周围世界，让每一次社交互动都能为自我价值的展现和人际关系增值。

用场面话敲开对话之门

场面话不仅是礼仪的体现,更是交际智慧的展现,无论是商务谈判、会议发言,还是商务宴请中的致辞,得体的场面话能够迅速拉近彼此的距离,为商业合作营造良好的氛围。

例如,在商务谈判开始时,一句恰当的开场白能够迅速引入主题,为谈判的顺利进行打下基础。在会议发言中,一段精彩的开场白能够吸引听众的注意力,提升发言的影响力。在商务宴请中,得体的致辞能够表达主人的热情和诚意,增进宾主之间的友谊。

具体来说,场面话对商业活动的价值主要体现在以下几个方面。

首先,场面话能够提升商业交往的效率和效果。

得体的场面话就像一把好用的钥匙,能够迅速打开沟通的大门,拉近彼此的距离。通过适当的寒暄,人们能够很快地建立起信任和友谊,从而为商业合作奠定坚实的基础。特别是谈及一些利益纷争或敏感话题时,难免会出现紧张或尴尬的局面。此时,恰当的场面话就像润滑剂一样,有助于双方保持冷静和理性,缓和气氛,化解尴尬,使沟通能继续进行下去,推动问题得到妥善解决。

其次,场面话有助于塑造新的商业形象。

在商业交往中,场面话不仅是简单的寒暄和客套,更是企业文化和价值观的传递媒介。通过精心设计的言辞和表达,企业和个人可以凸显自己的专业素养、行业知识和独特价值观,从而在众多竞争者中脱颖而出。这种独特的商业形象不仅能够吸引潜在客户的关注，还能够激发合作伙伴的合作意愿，为企业和个人带来更多的商业机会。

也就是说，通过一些漂亮的场面话，企业可以向外界很好地展示自己的经营理念、服务宗旨和发展愿景，进而塑造出独特的品牌形象。这种品牌形象不仅能够提升企业的知名度和美誉度，还能够增强员工的归属感和自豪感，为企业的长远发展奠定坚实的基础。

最后，场面话能够传递重要的商业态度。

在商业交往中，信息的传递是至关重要的。而场面话正是一种有效的信息传递方式。通过精心设计的言辞和表达，企业和个人能够向他人传递自己的价值观、企业文化、发展战略以及合作意愿等重要信息。这些信息不仅能够帮助他人更好地了解企业和个人，还能够为商业合作提供有力的支持和保障。

例如，当一家企业面临产品质量问题时，如果能够及时发表声明，向消费者致以诚挚的歉意并承诺采取积极措施解决问题，那么这种"场面话"就能够有效地缓解消费者的不满情绪，维护企业的品牌形象和信誉度。

虽然场面话在商业活动中展现出重要的价值，但需要注意的是，过度使用或滥用场面话，也可能会产生负面影响。例如，过度的恭维和客套可能会让对方感到虚伪和不真诚；如果场面话占据了主导，可能会使真正的商业议题变得模糊不清，导致沟通效率低下；过分夸大的场面话可能会构成虚假宣传或误导性陈述，从而引发法律风险；等等。

因此，在商业活动中使用场面话时，需要把握好度，既要注重形式上的礼貌和尊重，更要注重情境与内容上的切合，作为使用者，要根据不同的文化和商业环境及时调整沟通方式，以确保信息传递的准确性和有效性。只有这样，才能用场面话成功敲开商业对话的大门。

高情商是说好场面话的关键

在人际交往中，语言是传递信息、表达情感、维系关系的重要工具。然而，仅仅会说话并不足以成就良好的沟通，高情商才是说好场面话的关键。

"会说话"和高情商，看似两个独立的概念，却在人际交往中紧密相连，如同唇齿相依，缺一不可。一个会说话的人，往往情商也高，他们的言语如和煦的春风，让人倍感舒适。反之，情商低的人，往往表达能力也不佳，说话容易得罪人，让人敬而远之。

那么，这二者之间究竟存在怎样的联系呢？简单来说，高情商是"会说话"的源头，而"会说话"是高情商的体现。如果将好口才比作一把锋利的宝剑，那么高情商便是剑锋的锋利之源，"会说话"则是剑刃的锋芒。高情商让言语更加贴心温暖，而"会说话"则让信息传递更加顺畅。

举个例子。某天晚上，你参加了一场饭局，同桌的都是行业内的重要人物，其中不乏与你有潜在合作机会的大佬。气氛本来相当融洽，然而，某位仁兄酒过几巡后，开始滔滔不绝地炫耀自己与各路名流的合作经历。他的言辞之中，流露出一种难以名状的自我满足感，这让你感到有些不爽。你心中开始嘀咕，疑惑自己为何要在这里耐着性子听他自吹自擂。你的心情逐渐变得烦躁，甚至有些按捺不住想怼对方几句。

面对这个局面,高情商者会如何应对呢?通常,他们会即时调整心态。他们清楚,每个人都有自我表现的需求,尤其是在这样的社交场合。所以,他们会以包容和理解的态度来面对这位仁兄的言辞。例如,时不时地微笑点头,或是偶尔插上一两句话来表达对他的认可和赞赏,抑或巧妙地引导话题回到合作和行业发展等更相关、更有深度的讨论上来。

这样,既给了对方面子,又维护了场面的和谐,更重要的是,没有让负面情绪影响到你与其他潜在合作伙伴的交流。

由此可见,在现实生活中,要游刃有余地应对各种复杂的场面,除了要会看场面说话,还需话里话外带着情商。简单来说,就是要带着情商说话。

1. 换位思考,说对方想听的

换位思考,即站在对方的立场上,体会其感受、揣摩其需求。这一过程看似简单,实则蕴含着深刻的人际智慧。高情商者总能在与人交往时迅速捕捉到对方的情绪波动,有的放矢地发言。无论是喜悦、忧虑还是期待,总会说出对方想听的话。

说对方想听的,并不是简单的迎合或讨好,而是一种基于理解和尊重的沟通策略。高情商者深知,每个人的内心深处都有着被理解和被认同的渴望。因此,在与人交流时,他们能够巧妙地调整自己的表达方式,使之符合对方的心理预期。比如,在职场中,面对领导的询问,他们会根据领导的语气、目的以及当前的工作背景,精心挑选用词,既展现了自己对工作的投入与热情,又体现了对领导意图的深刻理解,从而达到事半功倍的效果。

2. 讲究表达方式，言语优雅得体

语气与措辞的选择，如同画家手中的调色板，能够为言语披上不同的情感外衣。高情商者善用温和而坚定的语气，传递尊重与理解；以精确而不失灵动的措辞，描绘思想的轮廓。在正式场合，他们用严谨而专业的语言，展现出职业素养与智慧光芒；而在休闲时光，幽默风趣的表达，又如同夏日清风，让人神清气爽，忘却烦恼。

总之，无论在什么场合，他们总能用恰到好处的表达，既善于缓解紧张的气氛，让每个人都能感受到轻松与自在，又不会轻易触及敏感话题，给别人造成不适与尴尬。

3. 幽默风趣，言语充满韵味

幽默，是高情商者与生俱来的特质，也是他们精心培养的技能。它不仅是一种逗人发笑的手段，更是一种智慧的体现。高情商者懂得，适时的幽默能够打破僵局，化解尴尬，甚至在紧张的时刻带来一丝轻松，所以，他们常将幽默当作调节气氛的工具。

由此，在一些聚会上，高情商者总是那个不可或缺的灵魂人物。他们不需刻意寻找话题，也不必担心冷场，因为他们善于用轻松诙谐的方式，让人们在笑声中找到共鸣，找到心灵的慰藉。一个机智的比喻，一句巧妙的双关，甚至一个夸张的表情，都能瞬间点燃现场的气氛，让每个人都沉浸在这份快乐之中。

4. 逻辑清晰，说话滴水不漏

在社交场合，高情商者在表达观点之前，已在心中构建了一个清晰的逻辑框架。他们会把自己的观点像搭积木一样，分成几个大块，然后把每个大块拆分成若干小块，而且确保每一块都严丝合缝，稳稳当当。无论是面对严肃的商务洽谈，还是轻松的朋友聚会，他们总能用最恰当的词语、最精准的表述，将观点阐述得清晰到位，

同时避免任何可能的歧义或漏洞。这种能力不仅源于他们对语言的深刻理解,更来自对逻辑框架的熟练掌握,以及对听众心理及个性的敏锐洞察。

综上所述,无论在什么场合,要拥有一双洞察人心的慧眼、能说一口触动心灵的妙语,高情商地表达是关键——它会让每一次沟通都充满温度与智慧,让每一场交流都成为一次心灵的洗礼。

说好场面话的五要素：表情、用词、适境、技巧、分寸

场面话，作为社交活动中一种独特而重要的语言形式，扮演着维系人际关系、促进情感交流的关键角色。在纷繁复杂的社交场合中，巧妙地运用场面话不仅能够迅速拉近人与人的距离，增进感情，还能够有效地化解尴尬，使交流进行下去。

要把场面话说好、说到位，必须把握五个要素，即表情、用词、适境、技巧、分寸。

1. 表情：传递情感和态度的手段

表情是场面话中最直观的元素，也是传递情感和态度的主要手段。一个恰当的表情可以有效增强话语的感染力，让听众更加深刻地理解说话者的意图和情感。因此，在一定场合说话时，要注意自己的表情与要表达的内容相匹配，以传递出正确的情感和信息。

在不同的场合和情境中，需要使用不同的表情来表情达意。例如，在庄重的场合中，需要保持严肃、凝重的表情；在轻松的场合中，则可以放松表情，微笑、眨眼等动作可以让场面话听起来更加亲切、自然。

此外，还需要注意表情的真实性和自然性。虚假的表情容易让对方识破，进而产生不信任感。因此，在说场面话时，要注重真实性和诚意，让自己的表情与内心感受相一致，这样才能更好地打动

听众的心。

2. 用词：要考虑对方的接受程度

用词是场面话中的关键，它直接关系到话语的表达效果和听众的接受程度。在选择用词时，需要考虑到场合、听众的文化背景以及当时的心境等因素，综合考虑后，选择恰当、得体的词汇来表达自己的意思。

一是要注意用词的准确性和恰当性。不同的词汇有不同的含义和用法，要根据具体情况选择恰当的词汇进行表达。要避免使用生僻或晦涩难懂的词汇，以免引起听众的困惑和反感。

二是要注重用词的礼貌和尊重。在公开场合，尊重他人是一种基本的礼仪和修养。因此，在选择用词时，要避免使用冒犯或侮辱性的言辞，要使用礼貌、尊重的语言与他人交流。这样不仅可以增强自己的亲和力，还可以赢得他人的尊重和信任。

3. 适境：选择最佳的表达方式

这里所谓的适境，是指场面话要与所处的环境和情境相适应。在不同的场合和情境中，需要使用不同的场面话。因此，在说场面话之前，需要对所处的环境和情境进行充分的了解和分析，以确定最适合的表达方式和内容。

比如，在商务会议中，需要使用正式、专业的场面话来表达自己的观点和诉求；在朋友聚会中，则可以使用轻松、幽默的场面话来调节气氛。面对不同文化背景和职业的听众，需要适时调整场面话以适应对方的需求和习惯。只有做到适境，才能让场面话更加得体、有效。

4. 技巧：达到预期的表达效果

为了达到更好的表达效果，在说场面话时，需要适时运用一些方法和技巧，让场面话更加生动、有趣，更能吸引听众的注意力。

一是可以运用一些修辞手法来增强场面话的生动性和说服力。例如，恰当的比喻可以让抽象的概念更加具体化、形象化；夸张则可以强调某一事物的特征或重要性，引起听众的共鸣和关注。

二是可以运用幽默来缓解紧张气氛或吸引听众的注意力。幽默是一种有效的社交工具，可以帮助说话者打破僵局、化解冲突，拉近彼此的距离。

5. 分寸：把握说话的度和界限

场面话虽然是一种社交技巧，但也需要真实、可信的基础来作支撑。如果过分夸张或虚假，很容易让对方识破并产生不信任感。因此，在说场面话时，我们要尽量保持真实性和诚意，不要过分夸大或虚构事实来迎合听众的口味或需求。只有真实可信的言辞才能赢得听众的信任和尊重。同时，需要注意适度原则。只有适度的言辞才能让听众感到舒适、自然，从而达到更好的沟通效果。

综上所述，场面话的五个要素相互联系、相互作用，共同构成了场面话表达的完整框架。在实际运用中，要注意根据具体情况灵活运用这些要素，以达到最佳的表达效果。

第二章

场面话是必说的客套话

在恰当的场合，恰当的时刻，巧妙编织的客套之辞，不仅是连接心灵的桥梁、维系关系的纽带，也是打开沟通之门的钥匙。可以说，场面话是客套话，但又绝不仅仅是客套话。

场面话不是简单的客套话

什么是客套话？简单来说，既然说是"客套"，自然是为了应景，或是为了衬托某个场面而讲的话。这种话不一定是内心的真实想法，也不一定合乎情理，但说出来之后，即使他人清楚你"言不由衷"，也会感到一丝快意。这就是客套话的妙处。

这里的"客套"，蕴含着自我内敛的平和以及对他人的尊重。它并非单纯的虚伪或低三下四，而是一种深入骨髓的礼貌与修养。一个孩子在成长过程中，被教导要对人客气，要跟人说"谢谢""您好""对不起"，这些基础的礼貌教育就是一种客套，它如同种子一般，在孩子的心中生根发芽。

如果将一句客套话写在纸上，就会显得枯涩乏味，但如果从口中说出，其瞬间仿佛被赋予了灵魂，变得鲜活起来，能够准确地传达我们的情感，让对方感受到我们的真诚与关心。尤其当与不太熟悉的人相遇时，客套话就会成为一种不可或缺的促进交流的"工具"。

在人际交往中，过于直接的话往往会让人感到不适，而适当的客套话可以避免这种不适场面的出现。

熟练掌握并使用客套话，能够与他人保持一种恰到好处的距离，既展现了尊重与礼貌，又避免了因过于唐突可能引发的尴尬。这种适度的客套不仅有助于建立良好的第一印象，还能为后续的深入交流奠定基础。

例如，当朋友遇到了困难，我们的一句"有什么可以帮到你"，或者"相信你一定能够渡过难关"，这种带着真挚的担忧或关心的话，已不再仅仅是简单的客套，而是一种抚慰人心的慰藉。

同样的道理，在工作中，当同事帮助我们解决问题时，一句及时的"谢谢"，能够让对方感受到我们的感激之情。同样，当我们不小心打扰到他人时，一句诚恳的"对不起，打扰到你了"，能够有效化解对方的怨气。

在很多场合，一些不得不说的客套话，并不是可有可无的废话，而是人际关系的润滑剂。只有理解并接受一些看似无关紧要的客套话，才能以更加得体和优雅的方式与他人交往。要知道，人际关系就像一部复杂的机器，而客套话是其中不可或缺的润滑油，它们能够让这部机器运转得更加高效和顺畅。

当然，客套也要适度，即要恰到好处地客套，当有人帮我们做了一些小事，比如递过一杯茶时，真诚地说一声"谢谢"表达感激之情就可以了。如果再过多地添加其他客套话，反而会显得迂腐不堪，给人一种浮滑和虚伪的印象。

简单来说，有些客套话是必要的，而不是可有可无的。适度和必要的客套可以让人感受到真诚与温暖，过度的客套则会让人质疑其真实性。因此，在使用客套话时，应注重分寸和情境的把握，既要真诚适度，也要保持自然，当说则说，不浮夸，不敷衍。

有些客套话,当真你就输了

几乎所有人都认同客套话是一种应酬的技巧和生存的智慧,可说不可信,至少不可全信。在一些特定的场合、特定的际遇下,别人对自己说了一些客套话,作为听众的你,自然不应把它们全部当真。一旦你违背了这个原则,真诚便会退化为愚钝,善良也可能成为伤害自己又危害他人的"利器"。

坦诚之心就像一封在众人面前展开的信件,毫无保留地展现着内心的真实。而那些城府深沉的人,他们深知隐藏的价值,总是巧妙地将真实情感隐藏在言辞之下,所表达的大多只是场面上的客套话。

如果过于天真地将他人的场面话当成真心话,那就只能证明我们的单纯和幼稚。因为在这个复杂多变的世界里,人们的言辞往往受到多种因素的影响,如情感、利益、立场等。因此,在人际交往中,要理性看待一些客套话。比如,"下次咱们再约个时间""过几天我请你吃饭"等。

例如,生意场上,人们经常会听到对方说"有时间我们聚聚,我请你吃饭",以表示他的热情和诚意。这时,对方的自然、大方,会让人感觉到一股真挚的情感。其实,双方心里都明白,这句话只是一种社交辞令,一种拉近人与人之间距离的客套话。它像是一座隐形的桥梁，巧妙地连接着彼此的心灵——不必真的去追问何时共进美餐。如果你把这句客套话当作真切的邀请，一直苦苦等待，那可就有些尴尬了。下次一见面，如果迫不及待地追问吃饭的事情，恐怕会让人觉得你这个人太不懂事儿，甚至有些失礼。

再如，领导开会经常会讲一句话："我这个人公私分明，你们对我、对单位有什么意见尽管提。"你不要傻乎乎地认为：这个领导开明，能广开言路，我可要抓住这个机会，好好畅谈一下自己的想法。那你就大就特错了！通常，很多人为了表示自己有格局，总会告诉别人"我听得进反对意见""我喜欢听到不同的声音"等，以此来鼓励他人发言。其实，这并不真的意味着他们欢迎所有不同的声音，或者会认真对待每一个反对意见。

更多的时候，这样的说辞只是一种客套。因此，面对这种情况，需要先仔细观察和揣摩说话者的语气、表情和体态等，以判断其是否真的愿意听取不同的意见。即便确定对方真的是想倾听不同的声音，也要注意选择合适的时机和方式，提出自己的看法和意见，避免过于直接或尖锐的言辞引起不必要的冲突和误会。

又如，面对别人拍着胸脯信誓旦旦的"承诺"，应持保留态度，以免期望过高带来更大的失落。对这类"客套话"，你要持谨慎的态度，只能"半信半疑"，毕竟人情世故复杂多变，难以预测。既然难以揣摩对方的真实想法，那就做最糟糕的打算，为事情留有余地。

要判断对方所言是否为客套话其实并不难，事后稍作求证即可。若对方言辞含糊，表情闪烁，或者转移话题，那就在很大程度上说明那些话只是"客套"而已。因此，对"客套话"要有所辨识，要不然可能会误了大事。生活中，像这样的例子数不胜数。因此，在面对他人的客套话时，需要保持一份清醒和理性。

总之，在纷繁复杂的人际交往中，我们经常会遇到各种各样的客套话。这些话语有时像是一阵温暖的春风，让人感到舒适和受欢迎；有时又像是一层薄薄的雾气，让人难以捉摸其背后的真实意图。然而，不论这些客套话听起来多么悦耳，我们都必须明白一个道理：有些客套话，当真你就输了。

毕竟，客套话是一种社交辞令，是人们为了拉近彼此距离、表达尊重和友好而说出的客气话，多数时候不具有实质性意义，只是为了营造一种和谐融洽的氛围。因此，如果我们把这些客套话都当作真话去理解和期待，那么很可能会让自己陷入尴尬和失望的境地。

客套重要，怎么客套更重要

在人际交往中，客套话之所以重要，是因为它能够传达我们对他人的尊重和礼貌。特别是在初次见面或者与不熟悉的人交往时，通过恰当的客套话可以展现出我们的修养和教养，为进一步的交往打下良好的基础。同时，客套话还可以用来缓解尴尬的气氛，让双方在交流中感到舒适和自在。

知道客套的重要性是一回事，会用客套话则是另一回事。如何运用客套话是一门需要认真学习和掌握的技艺。具体来说，在讲客套话时，要把握好以下几点。

1. 了解文化背景，因人而异

不同的文化背景和社交环境对客套话的要求有所不同。在使用客套话时，需要根据不同的情况进行调整。例如，在一些西方国家，人们更注重个人隐私和独立性，因此在与西方人士交往时，应该避免过于热情和侵入式的客套话，以免让对方感到不适。而在一些东方国家，人们更注重集体主义和人情味，因此在和这些东方人士交流和往来时，适当的客套话能够增进彼此的感情和信任。

举个例子，你正在与一位来自美国的同事交流，你可以使用诸如"你好吗？""最近过得怎么样？"等简单的客套话来开启对话。而与一位来自中国的朋友交流时，你可以更加深入地询问对方的生活、家庭和工作情况,并表达对他的关心和支持。

2. 选择恰当的客套话

选择恰当的客套话并非一件简单的事情,需要根据场合、对象以及双方关系的深浅来进行选择。在正式场合,我们应选择更为庄重和得体的客套话,以彰显对对方的尊重和重视。而在休闲场合,则可以选择更为轻松、亲切的客套话,以营造轻松愉快的氛围。

此外,客套话的选择还需要考虑到对方的身份、地位和性格等因素。对于长辈或上级,我们应使用更为恭敬的客套话;对于朋友或同事,则可以选择更为亲切的客套话。同时,我们要避免使用过于夸张或虚伪的客套话,以免引起对方的反感或不适。

3. 注意语气和表情

客套话的效果往往不仅取决于言辞本身,还与我们的语气和表情密切相关。一个真诚的微笑、一个友善的眼神或者一个热情的握手都能够增强客套话的表达效果。因此,在使用客套话时,我们应该注意自己的语气和表情,让它们与言辞相协调,传递出真诚和友善的信息。

比如,当你邀请别人参加一个活动时,你可以面带微笑地说:"我们非常期待你的到来,这个活动一定会让你感到非常愉快。"这样的语气和表情能够传达出你的热情和诚意,让对方感觉受到重视和欢迎。

4. 认真倾听与必要的回应

客套话不仅要说得得体,还要懂得倾听和回应。在与他人交流时,在对方说话时,要认真倾听,并给予必要的回应。这能表现出你的尊重和关注,有助于营造良好的沟通氛围。

倾听不仅是简单地听对方说话,更要理解对方言语背后的意思和情感。一个善于倾听的人往往能够捕捉到对方细微的情绪变化，进而准确地把握交流的节奏和方向。为了做到有效倾听，需要做到三点：保持专注、展现兴趣、理解意图。

回应是对倾听的反馈，也是进一步推动交流的重要手段。恰当的回应能够让对方感受到你的关注和理解，从而加深彼此的信任和亲近感。回应时要注意重复或总结，即在对方说完后，简要重复或总结对方的话，以确保你正确理解了对方的意思。另外，要适当提问，引导对方对某一问题进行进一步阐述。对对方提出的观点或建议，即使你不完全同意，也要先给予肯定，再提出自己的看法，这样可以让对方感受到你的尊重和开放态度。

综上所述，要根据具体情境、交往对象的实际情况，灵活选择恰当的客套方式与内容。从真诚的微笑和问候，到客套话的选择，再到倾听与回应，每一个环节都需细心揣摩。这样，才能将客套话说对、说好，让每一次交流成为愉快而难忘的体验。

修饰过的赞美更抚慰人心

老老实实做人，实实在在说话，无疑是一种美德。在与他人往来交流中，我们确实需要与对方坦诚相对，但在某些特定场合，如果我们直来直去"抒情达意"，就可能会让场面变得尴尬，事情变得微妙，即便是赞美的话，也是如此。而如果我们事先对要说的话进行适当的修饰，使之符合当时的情境，那么结果可能多半会令人满意。

许多时候，进行过精心修饰的赞美听起来不但悦耳，而且更可信。在这样"不够真实"的赞美面前，人们往往会选择睁一只眼，闭一只眼。比如，当有人欣赏你的艺术照片，情不自禁地赞叹"实在是太漂亮了"（事实上并不漂亮），你会是一种什么感受？当你满怀期待地将这些照片展示给一位朋友，她却回应了一句："还不是靠化妆。"相信，这种直白的"真实"会让你感到一丝尴尬和失落。那一刻，你定有这样深刻的体会：真的是不比不知道，会说话的人，言辞总能让人如沐春风，而不会说话的人，往往让人如坐针毡，陷入难堪之境。

其实，每句话都可以经过适当的修饰和加工，使之变得更加悦耳动听。平时，我们时常听到这样的夸赞："你最近身材又变好了""你穿这身衣服好显年轻哦""你这幅字写得真棒""你看上去真年轻"。类似的情况还有别人当面称赞你的孩子聪明可爱，称赞你的家收拾得干净漂亮，称赞你教子有方，等等。这些话说的可能是实情，也可能与事实存在一定的差距，还可能与事实正好相反，但是，只要不太离谱，听的人十之八九会欣然接受。

毕竟，人人都爱听好听的话，人人都渴望得到别人的赞赏和好评。好听的话招人爱，这是人的天性。有的人义正词严，标榜自己不爱听赞美的话，愿意听批评，其实这只不过是他的假话，你如果信以为真，毫不客气地指出他的缺点，他言语上可能不会反驳，但内心多半会不愿意。

赞美的真假有时并不重要，说者高兴，听者愉悦，对谁都没有伤害，大可去说。你好，我好，大家好才是真的好。

所以，在人际交往中要学会运用虚实之术，示假隐真，用善意的谎话来赞美、恭维他人。在进行这种赞美的时候，要把握好下面几点。

1. 选好对象

俗话说，"到什么山唱什么歌，见什么人说什么话"。说话要根据交际对象的年龄、性别、职业、文化程度、社会地位和性格特征，因人而异表达，切不可张嘴就来。尤其是面对新交，更要出言谨慎。

比如，一位姑娘正因自己的身材臃肿而发愁，你却夸奖她说："你的身材棒极了！"她定会认为你是在取笑她。如果对一个为自己的身材姣好而感到自豪的姑娘说这句话，她会认为你是在真心赞美她。

有不少人喜爱结交"道义相砥，过失相规"的"畏友"。他们喜欢"直言不讳"，你越指出他的不足，他越喜欢你，而你越赞美他，他却越讨厌你。同这类人交往，就应该"趋实而避虚"。总之，开口前一定要看好对象。

2. 注意时机

当你发现对方有可赞美的地方，便要及时大胆地赞美，这就是不失时机。错过了时机，同样的话，赞美的力度很可能会大打折扣，甚至南辕北辙。比如，在一次工作会议上，某同事提出了一个很有创意且切实可行的解决方案，你立刻表示赞赏，说：" 这个点子真是太棒了！创意和洞察力真是令人佩服！"这样的即时反馈能够极大地鼓舞对方。如果会后一周，在一次聊天中谈及这件事，你才说"你上次提的方案太棒啦"，对方心里可能会嘀咕："这个家伙有点假惺惺的。既然好，为什么当时不说？"

另外，需要记住一点：当某人发现自己的某些不足而正在寻找改变时，这时，你对他的这种行为进行赞赏，定会令他印象深刻。这也是古训所讲的"朋友有劝善规过之谊"。

3. 掌握尺度

在赞美他人时，需要谨慎地掌握"虚假"的尺度，虚实要适度，以免弄巧成拙。过于夸大其词或不切实际地赞美，可能会被视为一种讽刺。同时，要注意这种"虚伪式"赞美应建立在理解他人、鼓励他人、满足他人正常需要的基础上，为人际交往创造一种和谐友好的气氛，要虚中有诚，发自肺腑，情真意切。另外，要避免使用过多的华丽辞藻和空洞的奉承，因为这样的语言只会让对方感到不自在、尴尬，甚至产生反感。

在人际交往中，我们有时会遇到一些特殊的场面，如果我们能够根据实际情况，对某人、某事适时进行赞美，可能就会让冷清不堪的场面变得热闹温馨，人际关系也由此变得健康和谐。

第三章

人情话是最好的场面话

在人际的织锦中，有一种话语超越了形式的束缚，它如同春日里的一缕暖阳，温柔地穿透寒冰，直抵人心——这便是"人情话"。如果说场面话构建了社交的骨架，那么人情话便是为其注入生命力的血液与灵魂。

高手说话，20% 内容，80% 情绪

人生的困扰，十之八九是因为人际关系，人际关系的困扰十有八九是因为不会说话，更确切地说，是不会讲"人情话"。会说话，不是多说、能说，而是通过说话，我们不但要向别人传达的自己的观点、方法、意见，还有态度与情感。

不会说话的人，往往不太会说人情话，即便话中有情，也多半是浓重的个人好恶。相对而言，高手说话非常注重人情味，会尽量照顾对方的心理感受。

小李刚入职一家公司，一身的学生气，工作踏实。由于刚步入职场，工作上的许多事情都不是很熟悉，所以她经常向同事老刘请教，每次老刘都会热心帮她解答，小李很是感激。但是，有一件事情让老刘改变了对小李的看法。

有一次，经理交代给老刘一项工作，并让小李辅助。下班后，小李给老刘发了一条微信："刘哥，我明天请一天假。"

非要这个时候请假？老刘有些不爽：手头的任务有些紧急，怎么第一天就要请假？这样的话，工作计划得打乱重新安排。

于是老刘回复道："由于任务紧急，请假的事情我做不了主，你还是问问经理吧。"

小李很快就回复说:"我已经和经理请过假了。嘿嘿。"

老刘又问:"你打算上午还是下午请假呢?"

小李发来两个字:"全天。"

既然经理都同意了,老刘也不好再说什么,只得重新安排工作计划。

可没想到,半小时后,老刘又收到了小李的信息:"计划有变,明天后天我都得请假,我知道领导让我辅助您,但我实在是没有时间呀。"

老刘有些生气,但是,他调整了一下情绪,回复说:"那好吧,后面3天可能你要多承担些,辛苦一下了。"

小李又说:"这个时候不是说非要干多干少的问题,是我真的有事。时间不早了,早点休息哦。"

这让老刘不知如何是好。

在工作中,不管是假意还是真情,大家在表面上都要保持基本的客气和礼貌,这是最基本的职业修养。在这个故事中,小李如果真的有急事,请一两天假,也是可以理解的,但她说话的态度着实让人不爽——理直气壮,而且略带一点毫不客气。对上司来说,她的态度最多让对方一时心塞,但对她来说,可能是会给自己关上一扇门。

一个人和别人建立关系的重要桥梁之一就是情感。在现实中,很多人不是不会说话,他们能够流畅地表达自己的观点,逻辑清晰,但问题在于,他们的话语往往缺乏一种人情味。不会说人情话,等于给自己关上了许多扇门。你让别人心里不舒服,别人自然不会帮助你。在这个世界上,一个人如果缺少了来自周围人的助力,注定孤掌难鸣。

人情味是语言中那种能够触动人心、拉近人与人距离的元素。它不仅是华丽的辞藻或巧妙的修辞，更多的是一种真挚的情感和对他人感受的体察。缺乏人情味的话语，就像是一杯没有加糖的咖啡，虽然解渴，但难以给人留下深刻的印象。

缺少了人情味，许多看似"热闹"的沟通其实都是无效的，而有的沟通却发挥了极大的效果，其中就是人情话在起作用，比如：

聊天的时候，有的人让你感到有些无趣，甚至尴尬，而有的人却能让你相见恨晚，想要引为知己。

聚会或饭局中，有的人总能如鱼得水，成为焦点，而有的人永远只是可有可无的陪衬。

恋爱中，有的男人总能把女友哄得开开心心，而有的男人却总莫名其妙惹女友生气。

职场中，有的人总是很靠谱，能和同事、领导高效沟通，得到重用提拔，而有的人总在沟通上出问题，难担重任。

教育孩子，有的孩子总是很听父母的话，有的孩子却怎么说也听不进去。

说话不仅是一种信息传递的方式，更是一种情感的交流。高手在说话时，会全身心地投入自己的话语中，让自己的情感与话语融为一体。这样，他说出来的每一句话都充满了感染力，能够有效地打动听众的心。比如，在询问他人的情况时，加上一句关心的问候；在表达观点时，注重语气的柔和及态度的尊重；在给予建议时，考虑对方的感受和实际需要，从对方的角度出发提出建议。

仔细观察，你会发现他们说话时就很好地利用了"20%内容，

80%情绪"的黄金比例。需要注意的是,这80%的情绪并不仅仅是指说话时的语气和表情,更为重要的是说话者内心情感状态的流露。由此,可以说,会不会说话无关智商,而在于情商。

人情话，可咸，亦可甜

人情话就像生活中的调味料，有时候咸咸的，让人回味无穷；有时候又甜甜的，如同蜜糖一般，温暖心田。由此可见，它不仅是一种语言艺术，更是一种情感的传递方式。

1. 咸咸的人情话，直击心灵

咸咸的人情话，如诚恳的道歉、真挚的感谢或者深刻的安慰，或许并不华丽，却能够准确地表达我们内心的态度和情感。当我们对他人说出这些话时，就像是在对方的心灵上撒下一把盐，虽然初尝时略带咸涩，却能够让对方更加深刻地体会到我们的真诚和善意。

小张在工作中犯了一个错误，导致团队的项目进度受到了影响。他内心十分自责，害怕面对同事和领导的批评。然而，当他向领导坦白错误时，领导却说了这样一句话："小张，每个人都会犯错，重要的是我们能够从中吸取教训。我相信你有能力和信心弥补这个错误，并且做得更好。"这句话让小张感受到了领导的信任和鼓励，他重新振作起来，努力工作，最终弥补了自己的过失。

在说咸咸的人情话时，需要传递出对对方的真诚关心和诚挚理解。可以采用肯定对方的价值、鼓励对方进步或者给予对方建议的方式，让对方感受到满满的诚意。同时，语气要诚恳，避免过于严厉或苛刻，以免让对方产生反感。

2. 甜甜的人情话，温暖心田

甜甜的人情话，如赞美、鼓励或者浪漫的情话，如同蜜糖一般，能够瞬间融化人心，让对方感受到温暖和爱意。当我们用这些话来赞美他人的优点、鼓励他人的努力或者表达对他人的爱意时，就像是在对方的心灵上涂抹上一层蜜糖，让对方感受到无尽的甜蜜和幸福。

> 李玲是一位教师，她非常注重与学生的情感交流。有一次，她发现学生贾芳在课堂上精神沮丧。下课后，她来到贾芳身边，轻声地问："贾芳，我注意到你今天心情不太好，是发生什么事情了吗？如果你想找人聊聊，可以随时来找我。"
>
> 贾芳听了这话，顿时感受到了老师的关心和温暖，她敞开心扉向老师倾诉了自己的烦恼。在李玲的耐心倾听和开导下，贾芳逐渐走出了阴霾。

在说甜甜的人情话时，需要着重表达自己的善意和关爱。可以采用赞美对方的优点、感谢对方的付出或者给予对方鼓励的方式，让对方感受到认可和尊重。同时，语气要柔和亲切，避免过于生硬或冷漠，避免让对方产生距离感。

3. 咸甜适中，让人际关系更和谐

在实际生活中，我们往往需要根据不同的情境和对象来灵活运用人情话。有时候需要咸一些,有时候需要甜一些,有时候需要咸甜适中。

  小李和小王是多年的好友。有一次,小李因为一件小事与小王发生了争执,两人陷入了冷战。后来,小李意识到自己的错误,主动向小王道歉:"小王,对不起,那天是我太冲动了。我知道我说了一些伤人的话,希望你能原谅我。"小王听了这话,心中的怨气消了一大半,回应道:"其实我也有错。我们都是好朋友,没必要为了这些小事斤斤计较。以后我们还是好哥们儿!"两人的误会就这样化解了,友谊也因为这次经历而更加深厚。

人情话,可咸,亦可甜,关键在于我们如何灵活运用和把握其中的度。通过不断提升自己的沟通技巧和表达能力,我们可以更好地运用人情话来增进彼此之间的感情和理解,让人际关系更加和谐融洽。

人情话就是会"说软话"

我们时常听到"吃软不吃硬"这一说法。在很大程度上,这句话反映了人类的一种普遍心理倾向。这里的"软"和"硬"是指在处理问题或与他人交往时采取的态度和方法。"软"指的是温和、友善、富有同理心的态度,而"硬"则代表强硬、威胁、缺乏弹性的方式。

人类之所以往往更倾向于"吃软不吃硬",是因为我们内心深处渴望被理解和被尊重。当我们面对温和友善的态度时,会感到放松和舒适,更容易接受对方的观点或建议。相反,强硬的态度往往会引起我们的抵触和反抗,即使对方的观点可能是正确的,我们也可能因为不满其态度而拒绝接受。

这种心理倾向在多个领域都有所体现。在教育领域,温和的老师往往更受学生欢迎,他们的教导更容易被学生接受。在销售领域,那些能够站在客户角度思考问题、以友善态度提供建议的销售员,往往能取得更好的业绩。

在人际交往中,说好软话就像是为关系抹上一层蜜糖,让沟通变得更加顺畅愉快。那么,如何轻松地说好软话呢?

1. 措辞要柔

语言是传递情感的桥梁,而措辞是表达的精髓。选择恰当的措辞，可以让话语如同春风般温暖人心，所以开口前，应该深思熟虑，即使在最为亲密的朋友之间，也要注意言行举止的分寸。因为"说者无意，听者有心"，许多友谊的裂痕往往源于不妥的措辞。

曾国藩深谙言语之道。他早年间在京城为官时，因语气傲慢而得罪了不少同僚，也为此吃了不少苦头，给自己的仕途带来了不必要的阻碍。后来，他深刻反思，并逐渐形成了体贴他人感受的说话方式。他常以此告诫后人，发言不可轻率，要三思而后行，多考虑他人的感受。他的故事提醒我们，温暖而体贴的措辞，是建立良好人际关系的重要基石。

2. 语气要软

在很大程度上，话柔不柔，关键在语气。有时，即便话语中蕴含着善意，如果语气生硬，也可能让人感到不适。因此，在交流时，要注意语气的运用，使其显得柔和、亲切。

拥有温和语气的人，往往能更好地掌控沟通的节奏和情感，不仅能够提升情感交流的价值，还能在沟通过程中营造更加和谐的交流氛围，使自己的表达更具说服力。

3. 多用赞美和感谢

赞美和感谢是软话中的两大法宝。适时地赞美对方，让对方感受到你的欣赏和认可；同时，不要吝啬你的感谢，对别人的帮助和支持表示感激。这样，你的话语就会充满正能量，让对方感受到你的善意和友好。

4. 站在对方的角度思考

在说软话时，有个非常实用的技巧，那就是尝试"穿上对方的鞋子走一走"——站在对方的角度去思考问题。想象一下，如果你是对方，你会有什么感受？你会希望听到什么样的话？通过换位思考你会发现，原来对方可能并不是那么蛮不讲理，他或许只是需要一点点关心，或者一点点支持。

5. 避免使用负面词汇

负面词汇往往会让人产生不愉快的联想，因此在说软话时要尽量避免使用。比如，可以用"我们可以尝试一下这种方法"来代替"这种方法可能不会奏效"。这样，你的话语就会更加积极和正面，让对方感受到你的乐观和自信。

说好软话并不是一成不变的，而是需要根据实际场景进行灵活运用。比如，在安慰朋友时，可以说一些温暖的话语；在调解纠纷时，可以用一些中肯的建议；在表达爱意时，可以用一些浪漫的言辞。总之，要根据不同的情况选择合适的话语来表达自己的意思和情感。

将软话说好，既是一门艺术，也是一种生活的智慧。它可能不需要华丽的辞藻，却需要真诚与善意和一定的技巧。当我们学会用软话温暖他人，我们也就为自己的人际关系搭建了一座坚实的桥梁。无论是在职场、家庭还是社会中，要学会让自己成为那个会说软话、能够给别人带来情绪价值的人！这样，我们的生活将会更加丰富多彩，人际关系也将更加和谐融洽。

当然，说软话并不意味着应该一味无原则地迁就。在某些情况下，我们应该学会在温和与坚定之间找到平衡，以便更有效地处理问题和与他人交往。

非暴力沟通：不带情绪说话

生活中，我们需要与人共事、合作，在这个过程中，双方不可避免地会产生观点、思想的碰撞，甚至会被误解，或遭到批评。不管是你的错误，还是别人的问题，当你感到很不爽，想发泄自己的不满时，有没有想过话要怎么说，对方才更容易接受？

不可否认，有些人善于察言观色，能觉察出问题所在，但是受困于语言表达，非但不能将问题说清楚，消除误解与分歧，还可能使问题复杂化，甚至会导致情绪对抗。

小张在一家公司做市场运营。一次，他想出了一个很好的点子，和上司沟通时，没想到在场的同事都跟着上司一起摇头说"行不通"。看着上司坚定的眼神和决绝的态度，小张本打算用调查来的数据资料证明自己的观点，可转念一样，即便证明自己是对的，又能怎么样？上司会听自己的吗？于是，他顺势说"是我想得简单了"。

几个月后，他发现一位同事用了他的方案，而且获得了成功。他后悔自己当时没有勇气说服领导。后来，在一次会议上，他又向领导提出了一个方案，结果又被否定了。这次，他不想沉默下去，选择为自己辩驳。他情绪激动，说了许多抱怨的话。

之后,小张与领导的关系变得微妙起来。领导多次私下对他人说:"小张这人头脑灵活,很有想法,可如果不改掉自己臭脾气的话,难有作为啊!"

无论是和同事、领导之间,还是夫妻、情侣、朋友之间,在处理分歧的时候都要学会聪明地表达。比如,和朋友因一事意见不合就恶语相向,吵到后面已经忘了最初是因为什么而吵,只记得生气,从此感情雪崩。实际上本不必如此。

所以,无论在什么场合,都要学会尽量说人情话,而不是带情绪说话。为了避免不必要的情绪对抗,表达自己的观点时,要把握好以下几点。

1. 控制自己的情绪

情绪是一把双刃剑,既能让我们瞬间充满动力,也能在一瞬间把我们推入深渊。在与人沟通时,控制好自己的情绪显得尤为重要。想象一下,如果每次沟通都像坐过山车一样,那谁还敢跟你聊天呢?特别是那种"一言不合就开撕"的沟通方式,真的很容易让人敬而远之。

另外,过激的反应也是要不得的。当遇到不如意的事情时,先深呼吸三下,让自己冷静下来,再思考如何回应。这样,你就能更好地掌控自己的情绪,而不是被情绪牵着鼻子走。

2. 要表达同理心

每个人都有自己独特的故事和背景,有时候,一句话、一个眼神背后,可能隐藏着无数的情感和需求。所以,当我们与人沟通时,不要急着下结论或评判,而是先静下心来,试着站在对方的角度,去体会他的感受,了解他的需求。

当你这样做时，会发现，原来对方并不是那么难以理解，他也许只是需要一个倾听者，或者一点点的关心和支持。这时，你再表达出对对方的关心和支持，就会显得特别真诚，也更容易获得对方的认同和接受。

3. 使用人情话

沟通时，要尽量使用一些人情话。这些人情话可以是一些简单的问候、赞美或鼓励，也可以是一些表达感谢、道歉或安慰的话语。例如，"我理解你的感受""你真的很棒""我非常感谢你"等。通过不断地练习和运用，你会逐渐发现自己越来越擅长说人情话了。

4. 要求同存异

当双方都表达过自己的观点后，要先从中寻找彼此的共同点，或找到共同目标，或共同创建一个新的目标，让双方都能接受，然后寻找解决方式。在此基础上，双方一起决定下一步：如何找到相关信息、谁是决定人、谁会被影响，并一起记录下结论。

在工作与生活中，当我们有话想说，在"不说出来会把自己憋死"和"说出来会把你气死"的死结里纠结、徘徊时，一定要先让自己冷静下来，认真想一想，哪些话该说，哪些话不该说。选择实话实说，几乎没有任何胜算，还可能引起情绪对抗；曲意逢迎，又觉得自己委屈。那该怎么办呢？这时，即便自己很难受，也一定不要带着情绪说话，带着情绪谈问题。要努力说一些合适的人情话，缓和一下，或者暂时将问题搁置，日后再说。

中篇　场面话的情与理：互动的风范与格局

第四章

场面话重情不贵理

在社交舞台上，很多时候，话语传递的意义远远超越了字面的逻辑含义，强调的是话语背后的情感。也就是说，看上去是原则、道理占据了上风，但真正触动人心、给人留下深刻印象的却是那些富有情感与温度的言辞。

说话，要情在前理在后

说话看似简单，实则是一门学问。很多时候，即便你说的是对的，是有道理的，对方却不一定能够接受。其中一个重要的原因在于，你说话的情感有问题。

情感是人类最基本的需求之一，人人都渴望被理解、被关心。在交流中，如果我们能够设法满足对方的情感需求，建立起情感上的共鸣和信任，那么接下来的沟通就会变得更加顺畅和有效。

真正的有效沟通是心理上有了情感基础，然后"有话好讲"，这样的沟通结果往往令人满意。所以，沟通要尽量"以情为先"，由此"情在前，理在后"，先作情感疏通，再讲述道理，成为一种公认的有效说话策略。

试想一下这样的场景，当你兴致勃勃地与他人分享某个想法或观点时，对方却冷不丁地来一句："不是这样！"或者"你说的根本不是事实！"

对此，你会产生什么想法？是抱怨，还是怼回去？的确，这样的沟通简直就像是一盆冷水浇在头上，让人瞬间失去了继续交流的热情。更不用说那些一开口就截人话路、妄论是非的人了，与他们沟通随时都可能陷入争吵的旋涡。

正如前文所述，要实现有效的沟通，就要学会以情为先。要先让对方感受到我们的尊重和理解，再逐渐引导他们接受我们的观点和要求。比如，当对方提出一个我们不太赞同的想法时，我们可以先客气地表示"你说的有一定道理""我很理解你的这个要求",然后委婉地提出自己的看法和建议。这样一来,对方在感受到尊重的同时,也会更加愿意听取我们的意见。

这种沟通方式的妙处在于,它让对方在心理舒适的情况下自行调整、改变自己的看法,或者接受我们的建议和要求。人都是有自尊心的,当我们试图强行改变对方的观点时,他们往往会因为心里不爽而坚持己见。但是,如果我们先不说我们的要求和意见,而是先作情感方面的疏通,待取得效果后,再说要求和意见,情况就会好上许多。

举个例子,假设你和一个朋友讨论某部电影的剧情。朋友坚持认为某个角色是出于自私才做出某个决定的,你则持不同看法。这时候,你可以尝试以情为先的沟通方式:"嗯,你的观点确实很有意思。不过,我有另外一种解读,不知道你觉得有没有道理……"然后你再提出自己的看法和证据。这样一来,朋友在感受到尊重的同时,也会认真地思考你的观点。说不定最终会主动改变看法,与你达成共识呢!

又如,你和一个心情低落的朋友交谈。如果一上来就讲大道理,告诉他应该如何调整心态、面对困难,很可能他会觉得你是在说教,是站着说话不腰疼,由此产生反感。但是,如果你先表达出对他的关心和理解,让他感受到你的支持和陪伴,那么他的情感防线就会逐渐打开。在这个时候,你再适时地给出一些建议,他就更容易接受并消化这些信息。

"情在前,理在后"是一种既符合人性又富有智慧的说话策略。它不仅有助于说话者与他人更加和谐地交流,建立共鸣,收获理解,还为后续的有效沟通奠定了基础。

当然,"理在后"并不意味着可以忽视理性思考和客观事实。相反,在情感交流的基础上,需要用清晰、有力的语言来阐述自己的观点和道理。这样,说出的话才能既有温度又有力度,既能够打动人心,又能够说服他人。

话里话外要透着"温暖"

说出去的话,如泼出去的水,是收不回来的。在说场面话前,一定要多考虑听话人的感受,尽量让每一句话都带着温度,而不是带着"刺"。

"不会说话"的人有一个特点,就是容易得罪人,很多时候无意间得罪了人,自己也不知道,有人告诉他说:"你刚才说了不该说的话,人家很生气。"他的脸上可能会挂一个大大的问号:"不会吧?我没说什么呀!"

有的人也知道自己说话有时"不好听",所以评论前或者评论完后常说:"我不会说话,你别介意啊!"结果,话一出口,场面瞬间尴尬,因为说出的话实在拿不上台面,即便有人想救场,也无从下手。自己不会说话,还要"逼"着别人体谅自己,这种逻辑很荒唐。

小霞长得富态端庄,人见人爱,但是了解她的人都知道,她的嘴巴像一把锋利的刀,常常在不经意间"刺伤"别人。有一次,公司举办了一场庆祝活动,大家都精心打扮,欢聚一堂。小霞也穿着一件漂亮的礼服,优雅地出现在会场。然而,她一开口,却让人大跌眼镜。她先是评论了一位同事的发型,说它看起来像是"鸟巢",接着又嘲笑另一位同事的穿着,称其"品味独特"。这些话一出口,原本欢乐的气氛立刻变得尴尬起来。被评论的同事脸色一沉,其他人也面面相觑,不知如何是好。

小霞似乎也意识到了自己的失言,赶紧补充道:"哎呀,我不会说话,你们别介意啊。"然而,这种补救方式并没有起到任何效果,反而让场面更加尴尬。大家纷纷在心里感叹:小霞啊小霞,你这张嘴可真是让人又爱又恨啊!

在社交场合中,说话一定要有温度,要能暖人心,这样才能避免一些尴尬场面发生,让自己和他人都感到舒适和愉快。为此,需要做到以下几点。

1. 用词要避免歧义

有一天小贾和同事去逛街,同事试穿了一条裙子,问小贾好不好看。

小贾说:没想到你穿起裙子来倒也挺像个女人嘛……

同事听了之后虽然没说什么,但随后换回自己的衣服就借口离开了。

其实,小贾的本意是想夸对方穿上裙子更有女人味而已。

很多时候,说者无心听者有意。因为话里有歧义,容易让人产生误会。要想避免歧义,就要先清楚自己想表达什么,并尽可能直接说出来。要夸别人美,就直接说"很漂亮";要给别人提意见,那就直接说"我有个不成熟的小建议……"

2. 适时换位思考

有些人的言谈显得特别直接甚至尖锐,这种表达方式虽然可能反映出他们的坦率,但也可能无意中触碰到他人的敏感之处。这种不加修饰的沟通方式，有时会在人际交往中造成不必要的误解或尴尬。所以，在说话前可以先想一想，换作自己，是否愿意听到这样的话？

比如，有的人爱开玩笑，认为朋友之间没什么不能说的，但换作别人过分开自己玩笑却会生气。这样的双重标准，会给自己的人际关系带来麻烦。请记住，"己所不欲，勿施于人"。

3. 善用正面语言

想让说出的话带有温度，一定要学会使用正面语言。比如，用"你做得真棒！"代替"你这次没犯错"，前者更能激发对方的积极性和自信心。正面语言就像阳光，温暖别人心田的同时照亮了自己。

4. 表达不带情绪

场面话往往是在公共场合或社交场合中使用的，是为了维护和谐的气氛或达到某种社交目的。因此，我们应当选择恰当、得体的言辞，以平和的语气进行表达，不要让情绪影响我们的言辞和态度。否则，那可能不是在交流，而是在挑衅。

比如，在一次闺蜜聚会上，甲说："我最近买了个新包，虽然好喜欢，但是好贵啊，花了我一个月的工资。"乙说："这么贵就买了个这样的包？这种高仿都烂大街了。"乙说这句话的时候明显带着妒忌，羡慕甲买了个好的包包。在乙情绪平复之后，可能就会忘了这件事情，但这句话可能会成为甲心中的一根刺。

5. 避免负面话题

想要营造温暖的气氛，就要避免谈论负面话题。抱怨、八卦和批评只会让气氛变得沉重。相反，多谈谈积极向上的事物，比如最近的旅行经历、新学的技能等，这些都能激发人们的正面情绪。

温暖的话语如同春风拂面，能够瞬间融化冰冷，拉近人与人之间的距离。当我们以真诚和善意去聆听、去表达，就能够在言语间传递出无尽的关怀与理解。

不要一上来就预设立场

在很多社交场合，我们会发现一个现象：在与人交谈时，如果我们急于表达自己的观点，就像是在一场赛跑中抢跑，很容易让对方感到突兀，甚至产生抵触。如果将交流比作一场舞蹈，我们需要做的是轻盈地入场，随着节奏舞动，而不是一上场就企图主导舞台。因此，在交流的一开始，要学会暂且放下一些预设立场，优雅地与对方共舞，让沟通自然流淌。

什么是预设立场？简单来说，就是在与别人对话时，你已经秉持了某种好恶、观点、立场，并且在对话中不经意表露出相应的态度。

"预设"是逻辑语义学的一个重要概念，又称前提、先设和前设，指的是说话者在说出某个话语或句子时所做的假设，即说话者为保证句子或语段的合适性而必须满足的前提。

在这里，"立场"是指认识和处理问题时所处的地位和所抱的态度，也就是对问题所持的观点、态度。

在与他人沟通时，预设立场其实就像戴了一副有色眼镜，让我们看待事物时总是带着某种固定的色彩。先入为主地认为对方会怎么想、怎么说，这简直就像是在玩一场"我猜我猜我猜猜猜"的游戏，只不过，这场游戏的规则是由我们自己设定的，而对方往往并不知情。

有预设立场的人，往往像是在自己的耳中装了一个过滤器，只愿意接收与自己想法一致的声音，而对于那些不同的看法和意见，则会选择性地"失聪"。这可真是让人哭笑不得，毕竟，沟通的目的不就是交流思想、碰撞火花吗？如果总是固执己见，那和对着墙壁自言自语有什么区别呢？更为重要的是，预设立场，很容易引起对方的反感。

所以，要想获得满意的沟通效果，不妨先摘下有色眼镜，用一颗理解、包容、尊重的心去倾听对方的声音，在谈话中展现开放思维。具体要把握好以下几个关键点。

1. 用开放的问题引导对话

在开始一场对话时，如果由自己来引导，可以巧妙地抛出一个开放性问题，以引导谈话的走向，比如说："关于这个项目，你有什么想法吗？"或者"针对这个问题，你能分享一下你的见解吗？"这样的提问方式，实际上是在向对方抛出一个邀请，鼓励他们主动分享自己的观点和想法。这种方法的高明之处在于不仅给予了对方必要的尊重，而且避免了直接陈述自己的观点可能带来的先入为主之嫌，让对话从一开始就充满了探索和互动的可能性。

2. 倾听并注意反馈

在对方发言时，要全神贯注地倾听，不要轻易打断或提出自己的看法。当对方表达完毕后，为了确保真正理解了对方的意思，可以通过复述或总结对方观点的方式来确认我们的理解。例如，可以说："您的意思是……"然后简要地复述或总结对方的观点。这样做的好处是，一方面可以检验我们是否真正听懂了对方的话，另一方面也可以让对方感受到我们的关注和尊重。

3. 使用中性语言

所谓中性语言，是指那些不带有明显立场倾向、不偏不倚的词汇和表达方式。这种语言风格能够确保我们的言辞客观公正，不会给对方传达出任何预设的立场或偏见。为此，我们要有意识地选择使用中性的词汇，而不要使用绝对或情绪化的词语来表述。同样，在句式上也要力求中性，避免使用过于复杂或具有引导性的句子结构。

4. 灵活调整观点

在沟通的过程中，如果你发现自己的预设立场与对方的立场存在冲突，不妨以开放的心态重新评估自己的立场。这并不意味着要放弃自己的立场，而是愿意听取对方的观点，并从中寻找可能存在的合理性和价值。

总之，为了让场面更加和谐、交流更加顺畅，一定要学会放下预设，以开放的心态对待每一次对话，为可能的更多元化的合作打下良好的基础。

在这个多元化的世界里，每个人都有自己独特的观点和经历，而有效的沟通并非一场你输我赢的较量，而是一次心灵的碰撞与交融。你会发现，一旦你摒弃了预设的立场，便能更加专注地倾听对方的声音，感受他们的情感，理解他们的需求。这样的交流就不再是表面的寒暄，而是深入心田的共鸣，或许就能由此达成更有前景的合作。

多创造说"是"的谈话氛围

在公开场合，我们常常会发现一个有趣的现象：大家似乎更愿意说"是"，更愿意展示一种和谐与共识。这种"是"的氛围，就像一股暖流，在人群中流淌，让每个人都感到舒适与自在。它不仅是社交的润滑剂，更是人们心灵的安慰剂。

在这样的场合中，人们更愿意倾听、理解，而不是争执与对抗。这种以"是"为主的谈话氛围，为公开交流奠定了友好而积极的基础，让每个人都能在尊重与包容中找到属于自己的声音。

想象一下，你正和朋友们在舒适的客厅里闲聊，大家围坐一起，气氛轻松愉快。你抛出一个话题，然后微笑地倾听，时不时点头表示赞同，偶尔加入几句肯定和鼓励的话。这种"是"的氛围就像柔和的灯光，照亮了整个空间，让每个人都感觉被接纳和被理解。

在公开场合，人们往往更加注重形象和面子，以"是"为主的回应方式能够避免尴尬和冲突，让每个人都能够保持体面。同时，这种回应方式还能够鼓励对方继续表达自己的想法，促进交流的深入进行。

此外，"是"的谈话氛围还能够激发人们的积极情绪，让大家更加愿意参与到讨论中来。当人们感受到自己的观点被认可和被接纳时，他们会更加自信地表达自己的看法，这不仅能够提升交流的质量,还能够增强团队的凝聚力和向心力。

比如,在一次行业研讨会上,主讲人分享了一种新颖的市场分析方法。尽管听众中不乏资深业内人士,但在提问环节,大家纷纷以"是的,我觉得这种方法很有启发性"或者"是,这个观点给我们提供了新的视角"作为开头,然后提出自己的疑问或补充。

又如,在公司年会的聚餐环节,各部门员工围坐在一起交流。当某位员工分享了自己部门在过去一年的成就时,其他人往往会以"是的,你们确实做得很棒"或者"是,我们也听说了你们的佳绩"作为回应。这种肯定和鼓励的话语让每个人都感到被重视和被认可,从而营造出一种更加融洽的团队氛围。

创造"是"的谈话氛围,其实就像调制一杯顺滑可口的鸡尾酒,需要恰到好处地混合各种元素,其背后蕴含着深层次的社交智慧。

那么,在一些正式的或公开的交流场合,该如何主动创造"是"的交流氛围?对此笔者提出以下几点建议。

1. 培养积极倾听的习惯

在公开场合中,当别人发言时,要给予充分的关注和尊重。认真倾听他们的观点,并通过点头、微笑等非语言行为表达你的理解和认同。这样做不仅让对方感到被重视,也为你后续的回应奠定了基础。

2. 用肯定的语言来表达自己的观点

当你想要回应时,尽量以"是"作为开头,表达对对方观点的认可和理解。例如,你可以说:"是的,我完全同意你的看法,而且我认为……"或者"是,这个观点很有启发性,让我想到了……"这样的回应方式既能够保持和谐的气氛,又能够自然地引出你自己的观点。

3. 灵活运用肯定和鼓励的词语

除了"是"外,你还可以使用一些其他的肯定性词语,如"确实""没错""很好"等来表达你对对方观点的赞同;同时,也可以适时地给予对方一些鼓励性的评价,如"你的观点很有创意""你的发言很精彩"等,让对方感受到你的支持和认可。

4. 要注意语气和表情的配合

在回应时,要保持友善和亲切的语气,让对方感受到你的真诚和善意;同时,通过微笑、眼神交流等面部表情来传递你的积极情绪,营造一种轻松愉快的交流氛围。

大体来说,创造"是"的交流氛围需要不断地实践和积累。通过培养积极倾听的习惯、使用肯定的语言、灵活运用肯定和鼓励的词语以及注意语气和表情的配合,让对方感受到被尊重和被重视,进而达到沟通交流的目的。

第五章

初次见面,言谈决定印象

初次相遇,是两颗心灵初探对方世界的开始。在至关重要的几分钟内,用一句温暖的开场、一个得体的微笑,给对方留下友好而深刻的第一印象,为后续的交往奠定情感基础,为长期合作播种下一颗"温暖"的种子。

用场面话消除陌生感

人与人之间的陌生感，就像一道无形的屏障，阻碍了相互之间的深入交流。然而，场面话作为一种独特的语言艺术，能够巧妙地消除这种陌生感，让彼此在短时间内建立起融洽的关系。

通过场面话来消除陌生感并不难，只要掌握一些互动的小技巧，再配上轻松自然的语言，便能迅速拉近你与对方的距离。下面分享几个可行的方法。

1. 找一个共同话题

可以轻松地问一句："你喜欢最近的××电影/音乐/书籍吗？"这样的话题既广泛又具体，几乎每个人都能找到自己感兴趣的部分。如果对方恰好也看过那部电影、听过那首歌，或者读过那本书，那么相互之间的共鸣就会瞬间产生，对话也会自然而然地展开。

另外，关于旅行也是一个极好的共同话题。可以试探性地问："你去过××吗？"这样的问题往往能引发对方对旅行的美好回忆和独特见解，同时为自己提供了一个了解对方兴趣和经历的机会。如果对方对那个地方有着深刻的印象或者发生过有趣的旅行故事，那么相互之间的对话就会变得更加生动和有趣。

2. 适时地赞美对方

为了消除初次见面的隔阂，可以主动出击，以赞美为先锋，向对方传递出善意和尊重。比如，当注意到对方的穿着打扮时，可以由衷地赞叹："你的穿着真有品味！"这样的赞美不仅让对方感受到我们的真诚，还能引导其分享穿衣心得或背后的故事，从而轻松展开对话。

或者，如果事先对对方有所了解，知道他在某个领域有着出色的表现，那么一句"你在××方面做得很出色，真是佩服！"无疑会让对方感到备受认可。这种赞美不仅凸显了对对方的尊重和敬仰，还可能激发其分享更多关于这个领域的见解和经验，让对话更加深入和有趣。

适当的赞美是消除陌生感、拉近人际关系的有效武器。通过细心观察、找准话题，并以真诚的态度表达出自己的赞美之情，不仅能够让对方感到愉悦和舒适，还能够轻松打开对话的大门，让彼此的交流更加顺畅和愉快。

3. 分享一些小趣事

有时候，一些小趣事就像润滑剂一样，能够迅速拉近彼此的距离，使交流变得轻松愉快。当你想要与陌生人建立联系时，不妨试着分享一些最近遇到的有趣事情。

可以这样开始："你知道吗，我最近遇到了一件超级有趣的事情……"然后用简洁生动的语言描述那件趣事，注意保持语调轻快、表情丰富，让对方能够感受到你的热情和有趣。这样的小故事往往能够迅速吸引对方的注意力，激发他们的好奇心和倾听欲望。

通过分享趣事，不仅能够展示自己的幽默感和生活态度，还能让对方觉得你是一个容易亲近、值得交往的人。同时，受到你的感染，对方也乐意分享自己的有趣经历，这样一来一回的交流，就能轻松地消除彼此之间的陌生感了。

4. 用幽默感调节气氛

幽默是调节气氛的最好工具。你可以适时地和对方开个玩笑，例如："我今天为了见你们，可是下了血本，特地打扮了三小时，但最后还是觉得自己像只企鹅！"这种自嘲式的幽默不仅展现了你的自信与乐观，也让对方感到轻松自在。

通过幽默的方式自嘲，你向对方传递了一个信息：你不介意拿自己开个小玩笑，这使得对方更容易放下戒备，与你产生共鸣。当人们感到放松和愉快时，就更有可能融入对话，分享自己的想法和经历。

所以，要学会在适当的时机展现你的幽默感。很多时候，一句恰到好处的玩笑话，往往能够迅速拉近你与他人的距离。

5. 主动询问对方的看法

主动询问对方的看法是一种非常有效的消除陌生感的策略。这么做有两个好处：一是能够让你少说多听，避免因为不了解对方胡乱发言而可能出现的尴尬；二是可以让对方感受到你对其意见和观点的尊重。比如，你可以问："你觉得最近的××事件怎么样？"或者"关于……的话题，你有没有什么好的推荐或者想法？"

抛出这样的问题后，你便可以展现出倾听的姿态。通常，人们在被问到自己对某事的看法时，只要获得足够的尊重，感到自己的价值被认可，多数是愿意分享的。

综上所述，消除陌生感的关键在于，你是否能够让对方感受到你的亲切、有趣，以及你对交谈的真诚投入。通过掌握上面这些小技巧，再配合上你自然的笑容和真诚的态度，相信，你定能迅速消除与陌生人之间的隔阂，愉悦地与其交流。

适时沉默，适度表达

在日常生活中，每个人都是信息的传播者和接收者。有时候，我们会发现，越是想要表达清楚，说出的话却往往越显得繁复和虚伪。其实，这里面蕴含着一个深刻的道理：有些话，点到为止就够了，说多了反而适得其反。

心理学研究表明，过度表达往往让人产生疑虑，即过于热情或刻意的言论可能隐藏了真实意图。正如老子所言："知者不言，言者不知。"——真正明白事理的人，往往懂得适时沉默，适度表达。

特别是初次见面时，更要拿捏好说话的尺度，不可说太多，说太多了会让语言失去力度，点到为止即可。这就像一杯好茶，泡得太浓则苦涩，太淡则无味，只有恰到好处，才能品味出其中的甘醇。

比如，你正在和一位新认识的朋友讨论某部刚上映的电影。你满心激动，想要把每一个细节、每一个感触都分享给对方。可当你滔滔不绝地说了十分钟后，朋友的眼神已经从最初的兴奋变成了茫然。这时候，你应意识到自己的话太多了，应马上停下，并调整沟通策略。这就是"适时沉默，点到为止"的智慧。

又如，在商业谈判桌上，一位明智的谈判者不会滔滔不绝地阐述计划的所有细节，而是巧妙地点明问题的关键，给对方留下想象空间，既显示自信，又避免因透露过多信息而陷入被动。这就是"适度表达"的智慧，它不仅展示了对交谈对象的理解和尊重，也体现了自身的专业素养和人格魅力。

适时沉默，点到为止，并不意味着冷漠或者疏离，而是一种高级别同理心和共情能力的体现。它是精准把握人际边界、洞察人性需求后的从容应对。

那么如何在不便明说、细说的时候"点到为止"，并不失分寸感与真诚度呢？

1. 找准主题

任何一场谈话都有其核心议题，场面话也不例外。首先明确你要说什么，其次围绕主题展开对话，切忌东拉西扯，漫无边际。比如在庆祝同事升职时，无须详述他的所有优点，只需抓住这次晋升的关键特质，赞美他为此付出的努力和取得的成绩，点睛之笔足以让人印象深刻。

2. 适时收尾

当你已经表达了祝福、赞赏或鼓励之意后，就要学会适时结束。例如，夸赞朋友的新发型，简单一句"新造型真的超适合你，简直换了个风格，美翻了！"之后就可以结束了。不必长篇累牍地描绘具体细节，否则容易给人一种恭维，甚至虚假的感觉。

3. 注意留白

好的场面话往往余音绕梁，给人留下回味的空间。可以在表达完主要观点后，稍微停顿一下，或者用"总而言之""情况就是如此"这样的总结性话语轻轻一带而过，让人感觉到你的诚意，同时为接下来的对话留出了空间。

4. 注重非言语表达

有时候，微笑、点头、眼神交流这些非言语信号也能起到"点到为止"的效果。比如，在听完他人的分享后，一个会意的眼神加上一句"我懂的"，既能表示理解，又能避免多余的评论可能导致的话题走偏。

5. 避免过度承诺

在谈论合作意向或表达支持时，尽量避免做过度的承诺。可以表达积极的态度和意愿，但不要过分夸大或过度许诺，以免后续行动难以跟上言语的步伐，导致信任受损。

场面话的适时沉默、适度表达，就像是烹饪中的调味料，恰到好处就能提升口感，过量则会破坏原味。把握好这个尺度，不仅能让你在社交场合游刃有余，还能赢得他人的欣赏和尊重。记住，言语，不在多，而在精；不在繁，而在简。

听懂"暗语",明白弦外之音

在人际交往中,除了直白的话语,还存在一种隐晦的交流方式,我们称其为"暗语"。尤其是初次见面,如果听不懂对方说的"暗语",就可能造成不便,或陷入尴尬。

暗语,顾名思义,就是含有隐含意义的言语,它们可能是暗示、双关、典故或特定群体内的行话。例如,当有人说"这件事我们稍后再谈"时,可能意味着当事人现在并不想深入讨论这个问题,或者需要更多时间来考虑。如果能够敏锐地捕捉到这些"暗语",就能更好地把握对方的真实想法和需求,进而做出恰当的回应。

可以说,"暗语"这种隐含深意的表达方式,犹如精心编制的密码,考验着沟通双方的默契与智慧。能否破译这些社交密语,成为衡量一个人情商高低的隐形标尺。

一般来说,不管身处什么场合,偶尔听不懂"暗语",会被认为社交敏感度低,或是社会经验欠缺,但如果总是听不懂别人真正要表达什么,可能就会被认为"情商低",抑或"不懂事"。为避免给人留下"不在一个频道""难以沟通"的印象,一定要提升自己解码"暗语"的能力。

具体来说,要听懂场面上的"暗语",需遵循以下几个步骤。

1. 理解语境

不同的社交场合有不同的语境。理解语境是解锁社交暗语的第一把钥匙。它如同一幅背景画布，为当下的交流、对话铺设了底色。了解当时的社交环境、参与者之间的关系，以及讨论的话题背景，对于正确解读"暗语"至关重要。了解自己与交流对象之间的关系动态，能帮助我们更准确地把握对方言辞中的真正意图。

张经理和李经理私下关系很好，他们之间的交流经常会用到"暗语"。例如，张经理可能会说："嘿，李总，那个'大限将至'的项目准备得怎么样了？"这里的"大限将至"是一种暗语，指的是某个项目截止日期临近，由于某些不好明说的原因，便使用了这样的暗语。这样的表达既不显得突兀，又能有效传达紧迫感。

2. 仔细倾听

认真倾听对方的话语，不仅是听他们说了什么，还要注意他们的语气、语速、音量和语调变化，以及停顿等信息。

通常，有两种表达方式，一种是直接表达，另一种是委婉表达。如果对方直接表达，你可以快速理解其意思。比如，老板想要表达赞赏之意，直接说："你的工作做得非常出色，继续加油哦！"如果领导想表达一些不满，但又不便直说，可能会这样讲："你在这个项目上非常努力，接下来，看看有没有更好的方法来提升一下进度，如果需要什么支持，尽管和我说。"这里，老板含蓄、委婉地表达了对工作进度的不满。

3. 观察肢体语言

肢体语言往往能够传递出言语所未能完全表达的信息，对方的表情、眼神、手势、姿态都可能是解读"暗语"的重要线索。比如，短暂的微笑可能只是礼貌性的回应，而持续且伴有眼睛弯起的笑容则更多体现了真诚和友好。又如,直接而稳定的眼神往往传递出自信、兴趣和真诚,频繁闪避的眼神则可能表明紧张、不自信或试图隐瞒。此外,轻拍背脊或握手,可表达支持、友好。

4. 注意对方的提问

我们经常见到这样的场景,双方聊了半天,甲方会时不时地问:"你有什么问题要问吗?"乙方说:"没有啦。"不一会儿,甲方又问:"你还有什么要了解的吗?"对方还是说"没有"。其实,这很可能是甲方认为乙方没有完全领悟自己的本意,所以不时提醒一下对方。

在现实生活中,这种场景较为常见,比如,老板给了你一个方案,你看过后,他会问你"你看这个方案怎么样",这时,你回答"不错,不错,一点问题都没有",可能就误解了老板的意思。老板真实的想法可能是:你要深入研究这个方案,并对其进行优化。也就是说,他希望听到你对这个方案的深入分析及可能的改进意见。

5. 做好情绪管理

在面对可能含有负面暗示或隐晦批评的"暗语"时,要保持冷静,不要第一时间把情绪写在脸上,或急忙忙地去辩驳。那么如何管好自己的情绪呢?要做到以下三点。

首先,平复情绪。当感觉对方的"暗语"触发了你的不适或负面情绪时,不妨做个深呼吸,给自己几秒钟的时间来平复情绪,避免即时反应,说出不适当的话。

其次,换位思考。尝试从第三方视角分析对方的言辞,思考其可能的动机与背后的真正意图。有时候,所谓的"暗语"可能只是沟通上的误会,或对方无意中的表达。保持理性分析,可以帮助你更公正地评估情况,避免过度解读。

最后,理性回应。在情绪稳定后,用专业、平和的态度回应对方。即使对方的"暗语"令你不悦,也可以用诸如"我理解您的观点,也许我们可以从另一个角度探讨一下……"这样的表达方式,既表明了自己的立场,又保持了对话的开放性。

练就一双敏锐的耳朵和一颗细腻的心,去捕捉那些未言明的线索,解读其背后的真实意图,不仅能够避免一些误解与冲突,还能促进理解与共情。所以说,听懂"暗语"不仅是沟通的艺术,也是情商与智慧的体现。

说话要对味、对时、对场合

场面话，这种在特定场合下使用的语言艺术，对于人际交往的顺畅至关重要。初次见面，在表达时要充分考虑三个维度——"对味""对时""对场合"。也就是说，要根据特定的情境、对象和目的，灵活运用语言技巧，在更好地展现个人修养的同时赢得他人的认可与信任，并奠定良好交往的基础。

1. 对味：把握对方的兴趣点与心理预期

说好场面话，其中一个关键就是"对味"，即说话要符合对方的口味和兴趣，也就是要根据不同的场合、不同的人物，选择恰当、得体的语言。

"对味"的场面话，能够迅速拉近人与人的距离，让交流变得更加顺畅、愉快。它就像一把钥匙，能够打开对方的心扉，让彼此在情感上产生共鸣。

想象一下，你参加了一个朋友的生日派对。在派对上，你遇到了一位热爱音乐的友人。此时，你说："知道您对音乐很有研究，最近有什么好听的新歌推荐吗？"这样的问话不仅显示了你对对方兴趣的关注，也为接下来的交流奠定了轻松愉快的基调。

那么，如何才能做到"对味"呢？

首先，要对对方有一定的了解。包括对对方性格、喜好、兴趣、经历等方面的了解。只有了解了这些，才能找到与对方心灵相通的点，说出让对方感到舒适、愉悦的话。

其次，要注重语言的表达方式和技巧。其中包括语音、语调、语速等方面。做好这些方面的协调与配合，才会让场面话更加生动、有力。

2. 对时：恰到好处地切入话题

"对时"强调说场面话的时机要恰当。在合适的时机说出合适的话，往往能够起到事半功倍的效果。反之，如果时机选择不当，即使再好的话也可能会引起对方的反感或误解。

假设你的同事刚完成了一个重要的项目，并且取得了显著的成果。在公司的庆功会上，你可以适时地走上前去，说："这个项目能够如此成功，你的贡献功不可没。真的很佩服你的能力和努力！"

在适当的时机，用恰当的语言表达对他人的赞美和鼓励，能够让对方感受到你的善意和认可，进而产生一种美好的体验。

3. 对场合：适应环境氛围及交际规则

"对场合"是指说话要与所处的环境和氛围相吻合。不同的场合有不同的规则和期望，需要根据这些规则和期望来调整说话方式和内容。说话对场合，既是一种社交技巧，也是一种对他人尊重的体现。

在正式商务会议中，场面话应该体现出专业性和严谨性。例如，当某位同事提出了一个富有创意的方案，你可以这样表达赞赏："这个方案很有前瞻性，不仅解决了我们当前的问题，还为未来的发展打开了新的思路。"

在轻松的社交聚会上，场面话则可以幽默风趣，以拉近彼此的距离。比如，当朋友带来了一道他亲手做的佳肴，你可以尝一口后夸赞道："哇，这道菜真是太美味了！你的手艺真是堪比五星级大厨啊！"

综上所述，初次见面，"对味、对时、对场合"是说好场面话的核心要素。只有掌握了这些核心要点，才能完好地表达自己的观点和情感，让他人感受到我们的素养和诚意，进而建立起良好的关系。

第六章

求人办事巧赞美

　　恰到好处的赞美是沟通的润滑剂，它不仅能够软化人心，打开合作之门，还能在人情往来中增添一抹温情，让每一次求助都变成一次加深理解和信任的机会。这里的赞美不是言辞上的华丽堆砌，而是基于真诚观察与理解的深刻表达。

如何让赞美精准到位

人们生存在这个社会上，无论能力多强，也无论多有背景、多有钱，难免会有求人办事的时候。求人办事不容易，以至于人们常常用"磨破嘴、跑断腿"来形容。不过，我们身边总是有一些人，他们似乎没有办不了的事情。

那么，他们究竟掌握了什么独门秘籍呢？关键在于精准赞美。赞美，如同阳光般温暖人心，但若不精准到位，则如漫无目的的阳光，徒留虚幻的光芒。精准的赞美，在于洞悉人性，直击对方内心深处的渴望。人们渴望得到认可，渴望被理解，渴望获得幸福。当你的赞美抓住对方的这些渴望，并找到合适的切入点时，才能真正引起共鸣。

特别是在求人办事时，几句得体到位的赞美，远比冗长的奉承或不切实际的溢美之词更能打动人心。当他人感受到自己的价值被真正认可时，这种心理上的满足往往会转化为行动上的动力，使他们更乐意伸出援手，全力以赴地帮助你完成所需之事。

假如你刚创立了一家公司，想邀请一位知名投资人参加创业路演。这位投资人眼光独到、经验丰富，但很少有时间参加活动。这个时候，你打电话给对方说："李总，您好，久仰您的大名，您真是太厉害了！我身边的朋友没有不知道您的，都说您是这个行业里的大咖。我也了解了关于您的一些事迹,说来真是佩服呀……真心希望您能到场赏个脸,在此,我向您再次诚恳地发出邀请。请务必考虑一下,帮帮我们吧!"结果,对方很可能会以"没时间"为由拒绝。为什么?赞美华而不实,让人感受不到你的诚意。

其实,不如换一种方式来邀请,如可以说:"李总,您好!我是××公司的创始人。我一直佩服您的投资眼光和决策能力,您投资的×××项目和××××项目一直是业界的美谈。我最近有个项目,觉得非常符合您的投资理念,您有没有兴趣了解一下?如果您能抽出时间参加我们的路演,定会让这次路演熠熠生辉!"

如此一番美言,对方听后会觉得:说的句句在理,而且对我的专业很了解、很认可,看来得赏个面子。

由此可见,优雅得体的赞美,既要有内容,又要有品味,还要有一定的语言艺术性,而不是张嘴就来,一味地胡捧、乱捧,或是不着边际地"拍马屁""曲意逢迎"。

在现实生活中,要求人办事,由衷的赞美不仅能够营造出积极的氛围,还能增加对方愿意伸出援手的可能性。所以,在应该赞美的时候,要清楚话怎么说才更抚慰人心。

1. 找准定位

了解并聚焦对方真正的优势和特长,针对具体的事件或成果给予赞美,让对方感觉到你的评价是有理有据的,而非空洞无物的客套话。

每个人都有自己独特的闪光点和擅长的领域。要想说出的话不虚伪、不敷衍,就得先了解对方的优势和特长。比如,你的朋友是个摄影高手,那你就可以结合他最近的一幅作品来谈一谈自己的具体感受并进行赞赏。这样,对方就能感受到你是真心实意地在赞美他，而不是随便说说而已。

2. 适度赞美

不要无中生有、没完没了地"吹捧"，那样反而会让人反感。要在合适的时间和场合，给予对方恰如其分的赞美。比如，在团队会议上，当某个同事提出了一个很棒的点子，你可以及时地表达赞赏："这个想法真有创意，我觉得我们可以尝试一下。"这样的表达既显得自然，又让对方感受到被认可。

3. 关注细节

当你提到对方工作或行为中的某个具体细节时，会让对方觉得你真的很在乎他，而不是敷衍客套。比如，你说："上次你在报告中对那个数据的分析真是太到位了，我当时听了忍不住拍手叫好！"这样的话，会让对方觉得你不是在敷衍，而是发自内心地在肯定他。

4. 体现真意

真诚的表达，往往能够触发情感的共鸣。当我们用真心去感受他人，用真意去表达敬意，对方能够感受到这份情感的温度。在求人办事时，不妨从自己的真实感受出发，分享你从对方身上学到的东西，或者对方的哪些行为让你深受启发。这种基于真实经历的分享，不仅能够展现你的敬意，还能让对方感受到被看见与被理解的价值，从而更愿意伸出援手。比如："我一直很佩服您在处理问题时的果断和明智，每次跟您开会都能学到很多东西。"

赞美是一份礼物，当我们用心去送时，它会成为人际交往中最宝贵的财富。特别是精准、真诚、适时的赞美，不仅能够让人感受到被认可和被重视的温暖，还能促进更深层次的理解和情感联结。

赞美要少走形式，多走心

在生活中，我们难免会有求助于他人的时候。在求人帮忙时，往往要说一些赞美的话。对赞美的话，我们要清楚，恰如其分的赞美并非简单的奉承，而是真诚的认可与尊重的表达。它像是人际交往中的一抹暖阳，能融化冰霜，拉近距离，却又不能过于热烈，否则会变得刺眼而不真实。

生活中经常见到这样的场景：某人为了求人办事，说了一大堆华丽的辞藻，几乎说尽了好话，可结果却适得其反，让对方觉得虚伪和反感。这是为什么呢？因为真正的赞美不是表面的奉承，而是能够触及对方心灵深处的认可与感恩。

王先生是一家创业公司的创始人，急需寻找一名经验丰富的市场推广总监来带领团队开拓市场。通过朋友介绍，他结识了业内知名营销专家李诚。

在第一次约见李诚时，王先生迫切希望能够说服对方加入自己的团队。但是，他说的一些话显得十分生硬和做作。他一开口就说："哎呀，李总，您可是我们这个行业里的泰山北斗啊！我知道您无所不能，随便出手就能打造几个爆款产品，要是能屈尊来到我们这座小庙，那简直是蓬荜生辉，鸡犬升天哪！"

初听，这些话在极力恭维李诚的才能和地位，但是，这种恭维过于夸张，甚至有点谄媚的味道，不仅用了"泰山北斗"这种过分推崇的比喻，还暗示自家公司是个"小庙"，给人一种格局狭小、不够自信的感觉。此外，"鸡犬升天"这样的成语在这里使用也很不合适。果然，李诚婉拒了对方的邀请。

事实证明，在求人办事时，恭维如果不走心，过于虚假和夸张，不但难以达到预期的效果，而且可能适得其反，甚至破坏彼此之间建立起来的信任。

那么，怎样才能确保赞美的言语深入人心，而非流于表面，给人留下虚伪矫饰的印象呢？要做到这一点，需把握好以下几个实用技巧。

1. 挖掘深层次的价值

走心的赞美，需建立在对对方深入了解的基础上，而不要只停留在表面。比如，当你请一位设计师帮忙完成一项设计时，可以赞扬他的设计理念新颖，色彩搭配独具匠心，而不是泛泛地说"您的设计真棒"。道出实质的赞美才能触动人心。

2. 讲具体而真实的事例

赞美不应空洞无物，要用事实支撑，给出具体的例子。比如，可以说："我至今仍记得您在上次项目中，如何从一片混乱的数据中提炼出关键信息，最终帮助我们达成目标，那种洞察力和执行力真不是一般人所具备的，让我深感敬佩。"这样的赞美基于事实，听起来自然有说服力。

3. 聚焦对方在意的领域

对每个人的赞美，都应该围绕着他在乎的领域展开。如果你正在向一位教师求援，可以提及他在教学方法上的创新，或对学生的悉心教导，而非对其无关紧要之处进行赞美。这样，对方才会感受到你的诚挚，也会更乐意伸出援助之手。

4. 保持谦逊与真诚

赞美时，不可将自己"压"得过低而一味抬高对方，而应以平等和尊重为基础，表达对对方的欣赏。例如："我很荣幸有机会向您请教，您的专业知识和实践经验对我来说无比珍贵，如果有幸得到您的指点，我相信我能更好地完成这项任务。"这样的赞美既表达了你的需求，也传递了你对对方价值的真诚认可。

5. 避免过头与刻意讨好

赞美时，要多用自然、真实的语言，避免使用过分华丽的辞藻或夸大其词，否则会显得不真诚，甚至会让对方怀疑你的动机。比如，在一次商务宴会上，你这样赞美客户："贵公司的发展速度真是令人瞩目，短短几年就取得了如此辉煌的成就。"如此，既表达了对客户的认可，又显得恰到好处。

求人办事的艺术，在很大程度上体现在如何巧妙而真诚地表达对对方的尊重与欣赏。走心的赞美就像一首没有曲谱却能打动人心的歌谣，它的每一个音符都源于对对方真实价值的认同，每一段旋律都流淌着对求人之事的诚挚期盼。只要用心感知、细致观察、真情实感地表达，就能让赞美成为连通你我、达成共识的桥梁，让求人办事的过程不再尴尬难堪。

掌握间接赞美的技巧

无论是人际交往，还是求人办事，捧人的话固然好听，特别是一些直接而热烈的赞美，虽能瞬间点亮对方的心情，但讲的情景、时机不对，很可能会引发对方的戒备心理：你是谁呀？你了解我吗？怎么一上来就夸我？

特别是在双方不是很熟的情况下，过于直接的赞美会显得僵硬、露骨，甚至会闹出一些笑话。这时，不妨换一种方式夸人——间接赞美。

间接赞美有两个明显的好处：一是可以减少直接夸奖可能带来的尴尬。直接的赞美有时可能会让被夸奖者感到不自在，尤其是当夸奖显得过分或不自然时。间接夸人则能够避免这种尴尬，因为它通常在一种更自然、更宽松的语境下发生，不会让对方感到压力或突兀。二是能够展示出对他人成就或特质的真正认可。间接夸奖往往基于对某人的深入观察和理解，即夸奖者已经注意到并认可了被夸奖者在特定情境下的表现或特质。

因此，如果不方便"硬"夸，又要让对方领会到你的赞赏之情，不妨改变策略。间接夸人时，可选用以下方式。

1. 含蓄赞美：言在彼，意在此

含蓄赞美是一种微妙且间接的赞美方式。它是通过赞美一些看似不相干的事物来巧妙地映射出对方的优点或成就,达到不露痕迹却深入人心的赞美效果。可谓"言在彼,意在此"。这种赞美方式不仅体现了夸奖者的智慧与洞察力,还能够在不经意间提升对方的自尊心与好感度。

例如,在一次聚会上,你想要赞美主人的品位与周到,但直接夸奖可能会显得过于直白。这时,你可以通过赞美聚会的氛围、布置或美食来间接表达。"这里的音乐选择真是太棒了,每首歌都让人感觉放松又愉快,看得出你花了很多心思。"这种赞美方式不仅让对方感受到了自己的努力被认可,还体现了夸奖者对细节的敏感与欣赏。

2. 背后称颂:让赞美更纯粹

我们经常说"人心隔肚皮",让人琢磨不透,如果隔着一个人夸赞另一个人会怎么样呢?定会收到意想不到的效果。这也是真正的夸人高手都习惯背后夸人的原因。毕竟,天下就没有不透风的墙。你说的一些好话,迟早会传到当事人耳中。

换位思考一下,如果有人告诉你:"××在背后说了你许多好话。"你会不高兴吗?你定会感到很荣幸,且觉得对方的赞美是真心实意的。同样的话,如果当着你的面说,你或许会觉得那更多的是客套,而欠缺几分真诚。

3. 第三方评价:提升赞美的可信度

通过间接引用他人之言,可以让赞美更加客观、可信。因为这些话是第三者所说,具有一定的客观性,从而增加了赞美的可信度。这个第三方,可以是对方的朋友,也可以是对他比较了解的某个人。特别是当赞美来源于一个有一定社会地位,或在行业里有一定声望的人时,其分量会大大增加,且会给被赞美者带来额外的荣誉感和成就感。

比如，某同事在最近的项目中表现出色，你想赞美他，但又不方便直说，免得引起其他同事的误解。这时，可以这样表达："你知道吗？张总在上周的管理层会议上特别提到了你在这个项目中的优异表现……"

间接赞美他人是一种高情商的社交技巧，它可以帮助我们在不显得过分谄媚或让对方感到压力的情况下，传达出我们对他人的认可和欣赏。在求人办事时，巧用这种赞美技巧，不但可以极大地提升赞美的效果，而且有助于加深与对方的情感联结。

夸人的话要不落俗套

在生活中，不少人会有这样的习惯：面对一个人时，眼睛像自带显微镜似的，专挑对方的小瑕疵、小短板看，反而对其身上的闪光点、长处视若无睹。这就像是拿着放大镜瞧短处，拿哈哈镜看长处，结果就变成了总想为对方美言几句，可左瞅右瞅，却发现好像找不到可以美言之处。

其实，每个人都有所短，也各有所长。很多时候，真的不是缺少美，而是缺少发现。而要让赞美的话入心，一定要努力发现并着眼于对方身上的"亮点"。例如，某个人长相普通，就不要夸他长得英俊；某个人身材臃肿，就不要挖空心思去"美化"对方身材……而要把注意力聚焦于他的与众不同之处，或闪光点上。这样一来，赞美的话才有新意。

夸人的话一旦落入俗套，便会失去效果。通常，人们会对有一头秀发的女孩说："你的头发好漂亮！"女孩听惯了这样的赞美，当你说出同样的话，就显得很乏味。人们渴望被理解、被认可，但更希望这种认可是真挚而独特的，而非千篇一律的俗套。因此，夸奖他人时，一定要有新意，避免让对方觉得你的赞美机械而缺乏诚意。

所以，要想让夸人的话如同夏日里的一丝凉风、冬日里的一抹暖阳，一定要避免陈词滥调，为此，要把握好三个原则。

1. 抓住细节，彰显个性

想要让你的赞美不那么千篇一律，就得学会捕捉他人身上独一无二的亮点。比如，你有个同事，在工作中总是能给你惊喜。那么，在赞美他的时候，就别只说"你的能力真强"这种老套话了。你可以讲讲某次他在某个重要项目上，怎样用独到的见解和精细的操作，成功解决了一个大家都头疼的问题。这样一来，你的赞美就显得特别真诚，也能让对方觉得你是在真心实意地夸奖他，而不是随便说说。

2. 以故事带情感

想象一下，你在夸一个朋友的厨艺时，不只是简单地说"你做的菜真好吃"，而是讲述一次在他家品尝美食的经历："记得那天去你家，你亲手做了一道红烧肉。哇，那个香味，简直了！一入口，肥而不腻，满口都是幸福的味道。从那以后，我每次想到那道菜，就忍不住流口水。"你看，这样讲故事的方式，是不是让对方觉得你的赞美更有温度，也更容易记住呢？

3. 挖掘深层特质

要发自内心地赞美一个人，一定要在他身上看到别人看不到的东西。比如，你遇到一个长期坚持做志愿者的朋友，你只夸他勤奋、努力，那就流于形式了。你可以这样说："我真的很佩服你，能够长期坚持做志愿者，这背后一定有一颗热爱生活、关心社会的心。你的坚持和无私，真的让我看到了人性的光辉。"这样的赞美，不仅让对方觉得你是个懂他的人，还能激励他继续前行。

有新意地夸人并不是一件难事，关键是要用心去发现，用合适的话去表达，尽量少说一些大家听腻了，甚至感到麻木的话。否则，你再怎么费心思夸一个人，对方也很难感受到你的诚意与欣赏，回应你的很可能只是付之一笑——"瞧瞧，又来了！还是那一套！"这样的话，你的心思岂不是付之东流了吗？

催人办事，莫提催字

在日常工作中，我们总会遇到这样或那样的问题，需要同事或领导的配合来完成。这时候，"催办"就成了不得不面对的问题。比如，小到让人表个态、签个字、给份资料，大到一个项目的推进、一个决策的执行、一个方案的拍板，都可能需要实时跟进、催促。

很多时候，"催办"不是简单地催促别人快点完成工作。想象一下，如果你直接冲进领导办公室，硬生生地来一句："上次我要办的事情现在什么情况了？办妥了吗？"领导听了会怎么想？即便他想帮你办事，此时也可能心生反感。

再举一个例子，假如你负责一个市场营销项目，需要设计部门的小张协助完成一张宣传海报的设计。然而，截止日期已经临近，但设计仍未完成。你该怎么去催促？

"小张，你这两天都忙什么呢？海报怎么还没有完成？"

"眼看就要用了，你可得加把劲儿。"

显然，这样的催促会让对方不舒服，他可能会借此给自己找一些理由，如最近身体状态不好，手头的工作太多，等等。

其实，你完全可以换一种方式去催："小张，我一直都很欣赏你的设计才华和创新能力。之前你设计的那些海报都收到了非常好的反馈，客户们都很喜欢。这次的市场营销项目，我们的宣传海报也全靠你了。我知道最近设计任务很多,你比较忙,但这个宣传海报对我们的项目是否能顺利推进至关重要。你看能不能在明天下班之前把它完成呢?如果需要任何帮助或者资源,我都会尽力提供支持。"

这样,首先表达了对小张过去工作的认可和赞赏,其次提出了项目的紧迫性和重要性,最后表示愿意提供必要的支持和帮助。这样的沟通方式既表达了催促的意图,又保持了尊重和合作的态度,有助于推动任务的顺利完成。

由此可见,要让"催办"变得既有效,又不失礼貌,需遵循这样的办事逻辑:先弄清楚对方的想法与难处,再由衷地表达赞赏或认可,进而以一种柔和、体贴的方式提出自己的需求。这样就会让对方觉得受尊重和被认可,从而更乐意协助你。

在具体催办时,可以尝试运用以下几种方式。

1. 委婉询问

既然是求人帮忙,语气就要委婉一些。有的人忽略了这一点,明明是自己求人办事,却经常是一副理所应当的姿态:"喂,老张啊,那件事情办得怎么样了?"如果对方说"再等等",他会急吼吼地说:"哎呀,你说你能不能快点啊,都急死我啦!"

要知道,别人帮你办事,是需要花费时间和精力的,而且他还有自己的事情要忙,有自己的时间安排。如果对方有时间帮你办事,不需要你一个劲儿地催,如果实在抽不出时间,也不应去催促,更别说质问了。

如果事情很急,在询问进度时,最好先问一句:"现在忙不忙?"如果对方说"忙",那就点到为止,不要过多打扰对方,如果对方说"有时间",那就顺带提一下自己的事情,希望对方在方便的时候给个答复。

2. 借开玩笑询问

借开玩笑的方式来询问办事进度可以缓解直接催办的尴尬，同时提高了互动性。这样，无论结果如何，都不会给对方造成压力。比如："嘿，哥，上次拜托你的那事儿，是不是有眉目啦？我这两天没收到消息，心里跟猫抓似的。能不能透露点消息给我，让我安慰自己一下，然后咱们再庆祝一下，哈哈！"

这样的表达方式既幽默又亲切，能够有效地提醒对方，同时让对方觉得，你这个人很懂人情世故，懂得为他人着想。

3. 约出来吃个饭

如果你想通过约对方出来吃饭的方式来催办事情，可以采用一种更自然、轻松的方法来提出你的需求。例如："张经理，最近工作挺忙的，想请您一起出来吃个饭，放松一下，顺便也聊聊工作以外的事情，您看怎么样？"

在吃饭的过程中，先聊一些轻松的内容，比如最近的新闻、趣事或者对方的兴趣爱好等，然后逐渐引向想要催办的事情。例如："张经理，说到工作，我最近一直在思考我们之前讨论的那个项目。我一直在想，如果我们能进一步细化实施方案，或许能更快地推动项目进展。您对此有什么看法？"

在对方表达观点后，可以顺势提出具体的请求："张经理，您看我们能不能找个时间再详细讨论一下这个项目？我想听听您的具体建议……"

在整个过程中，保持轻松友好的氛围至关重要。记住，你的目的是与对方建立良好的沟通和合作关系，而不仅仅是催办事情。因此，在提出请求时，要确保以尊重和认可为前提，避免给对方造成压力或不适。当然，无论结果如何，都要保持礼貌和感激之情。

催人办事是一门很讲究说话艺术的学问。当我们必须催促他人时，一定要在认可、理解对方的基础上巧妙地表达心意。如此，不仅能让对方感受到我们的关注和期望，还能激发其办事的动力，进而达到一种润物细无声的"催办"效果，让事情得以向前推进。

第七章

让人脉在感恩中延续

德国哲学家费尔巴哈说:"同情心、感恩心、爱心,使你成为一个人。"感恩是人的基本情感。在与人合作过程中,要懂得感恩,并且要使感恩的话不流于简单的客套,而是基于诚心诚意的感激,在不失人情味的同时,体现自身的风范与格局,最终让人脉得以延续。

站在对方的立场说话

在生活和工作中,与人合作是常有的事。然而,合作并不总是顺利的,尤其是在沟通和协调方面,常出现不和谐的音符。为了提高合作效率,减少误解和冲突,一种有效的方法是学会适时"站在对方的立场说话"。这也是人际交往的一条黄金法则。

站在对方立场说话,简言之,就是在沟通交流时,尝试从对方的角度思考问题,理解其需求、担忧及期望,并据此调整自己的表达方式和合作策略。这一做法有助于建立信任,减少误解,增强凝聚力,进而推动合作顺畅进行。

为了切实做到"站在对方的立场说话",在说话时要做到以下几点。

1. 深入探究对方的需求与关切

理解是沟通的基础,要获得共鸣,一定要事先了解对方的需求与情感。首先,主动倾听。不仅听对方的话语,更要捕捉言语背后的深层含义。在倾听过程中,可通过点头示意、眼神交流等,向对方传递我们的专注与理解。其次,有策略性地提问。在交流中,应适时地抛出开放式问题,引导对方更深入地表达自己的想法。在遇到不明确的事或有疑惑时,应有礼貌地请求对方进一步阐释,从而能精确把握对方的真实意图和需求。最后,力求达到情感共鸣。要尝试站在对方的角度思考问题，真切感受他们的情绪波动。即便我们的观点可能存在与对方不同之处，也应展现出深厚的同理心，使对方真切地感受到我们的尊重与理解。

2. 调整语言风格与内容

在交流沟通中，应该灵活调整自己的语言风格和内容，以更好地促进信息的有效传递。比如，可以多采用"我们"这样的包容性词汇，以此来凸显对合作的重视，减少双方立场带来的对立感。在阐述自己的观点时，应该着重展示己方方案如何能够为对方带来实际利益，或者如何有助于对方实现他们的目标，这样对方会更容易接受并认同我们的看法。另外，要学会适应并融入对方的语言风格，无论是正式严谨的表达，还是日常的交流，都应做出相应的调整，以减少可能出现的沟通障碍。

3. 明确合作的愿景

双方坐下来，一起聊聊想要达到的目标，还有对合作的美好期待，这样可以确保在前进的路上，双方心往一处想、劲往一处使。另外，要常常提醒彼此：为什么要合作？合作对双方来说到底意味着什么？当然，合作中难免会遇到一些小插曲，不过没关系，只要一起面对、一起想办法，就一定能找到解决的办法。

4. 及时的反馈与认可

要学会站在对方的立场去理解、去表达，并给予及时的反馈与认可，这既是一种礼貌，也是一种有效的沟通技巧，能够极大地推进双方的合作进程。当站在对方的立场说话时，其实是在尝试理解对方的观点、感受和需求。而当我们给予对方及时的反馈时，实际上是在告诉对方：我听到了你，我理解了你，我尊重你。这种被听见、被理解、被尊重的感觉，是任何人在沟通中都渴望得到的。

同时，认可对方的观点或努力，也是一种极大的鼓励。当对方提出一个新的想法或者做出某种努力时，一句"这个想法很好"，或者"你做得很棒"，都能让对方感受到自己的努力得到了肯定，从而增强他们的自信心和积极性。

站在对方的立场说话，既是一种沟通技巧，也是一种人与人之间建立深度连接的方式。通过设身处地地考虑对方的感受和需求，能够打破沟通的壁垒，建立起真挚的理解和共鸣。这种方法让我们有机会听到对方真实的声音，感受他们的情绪和期望，从而以更加包容和理解的态度做出回应。

学会"共情式"交流

在与人合作中,我们时常会遇到各种各样的沟通障碍。有时,可能会感到对方的言辞过于生硬,有时,可能会觉得对方的表达过于模糊。这些问题往往源于我们缺乏一种有效的沟通技巧——共情式交流。

共情,顾名思义,就是共同的感情,也就是不同的人有了同样的感受和心情,与我们常说的"感同身受"意思接近。共情是沟通的灵魂,它能在两个人或者多个人之间架起情感的桥梁,让原本陌生的人能做到换位思考,平等交流,让彼此更懂对方。

当然,有人说"这个世界很难做到感同身受,你永远无法准确了解和感受到对方的内心状态"。这句话有一定道理,人与人之间存在一定差异,且思想意识也不同,即便是双胞胎,有时也无法真正了解彼此,做到感同身受。虽然我们不必事事追求感同身受,但在必要的时候,则要学会共情式交流。

毕竟,在快节奏的现代生活中,每个人都渴望被看见、被理解。一句共情的话语,能够迅速拉近彼此的距离,让对方感受到自己的付出被珍视,从而建立起强烈的情感共鸣和深刻的互信。

那么如何做到共情式交流呢?可以遵循以下几个步骤。

1. 倾听与观察

与他人交流时,学会倾听是第一步。在这个过程中,不仅要听到对方说的话,更要理解对方话语背后的情感和需求,为此,要注意对方的言语速度、音量和语调,这些都是情感的重要载体。同时,要注意观察对方的面部表情、肢体动作以及眼神,它们同样传达着丰富的信息。例如,紧锁的眉头可能表示困惑或不满,而微微上扬的嘴角可能意味着愉悦或满意。

为了更好地捕捉这些情感信息,可以尝试与对方保持眼神接触,并在倾听过程中不时点头示意,以表示我们在认真倾听。通过这些细致的观察和倾听,能够更加准确地把握对方的情感状态,为下一步的理解与反馈打下基础。

2. 理解与反馈

接下来,要深入理解对方的感受和需求。这需要设身处地地思考,努力站在对方的角度去理解问题。同时,我们还要通过反馈来确认自己的理解是否准确。这种反馈可以是简单地重述对方的话,也可以是用自己的话来总结对方的观点和情感。

例如,当对方表达了对工作的挫败感时,可以说:"我感觉你现在对工作感到很沮丧,是遇到了什么困难吗?"这样的反馈不仅表明我们在倾听,还能让对方感到被理解和被关注。通过不断地反馈和确认,就可以更加深入地了解对方的内心世界,为下一步的表达同理心做好准备。

3. 表达同理心

当确认并理解了对方的感受后,要用温暖和真诚的话语来表达我们对这些感受的共鸣和理解,以表达对对方的接纳。这就是所谓的同理心。在表达同理心时,可以使用一些鼓励性的话语,如"我能理解你现在的感受"或者"这确实是一个很困难的处境"。另外,还可以通过肢体语言来传递同理心,如一个温暖的微笑、一个轻轻的握手或者一个安慰的拥抱。这些非言语的行为同样能够让对方感受到我们的关心和支持。

4. 提出建设性方案

有了良好的共情基础后,可以适时地提出一些建设性的解决方案,或帮助对方走出困境,或尝试建立更好的合作模式。例如,当发觉对方因压力而感到焦虑时,可以建议他尝试一些放松技巧来缓解压力,或者与他一起探讨如何更有效地管理时间和任务。在提出建议时,我们要保持耐心和尊重,避免给对方施加压力或强迫其接受我们的观点。同时,还要鼓励对方表达自己的看法和需求,以便我们能够更好地调整和完善建议。

综上所述,通过倾听与观察、理解与反馈、表达同理心和提出建设性方案四个步骤,可以实现有效的共情式交流。

在与人合作中,共情式交流十分重要,它有助于双方求同存异,保持理解和包容的心态,提高合作的意愿,同时体现出自身的素养和做事的风范。

高情商致谢"三步走"

真诚而适时的感谢,如同一束光,照亮接收者的内心,激发正面情绪。当一个人感受到被感谢时,往往会激发出更多的善意和积极性,这种正向能量的循环,能够创造出更加和谐与支持性的社交环境。

所以,在纷繁复杂的人际网络中,表达感谢绝不只是一种礼节性的回应,它是情感交流的润滑剂,是人际关系花园中不可或缺的细雨,滋养着人与人之间的信任与尊重。

高情商地表达感谢不仅是一门艺术,也是一种智慧,它能够微妙而深刻地影响着人际互动的质量,为个人形象镀上一层温暖而耀眼的光泽。如何高情商地表达感谢呢?关键要把握好三个环节。

1. 回顾过去

在表达感谢时,回顾过去与对方的共同经历或对方给予的帮助,是一种非常有效的方法。它能够展现发自内心的真诚,进而有助于巩固和加强双方之间的情感联结。

李华和王明是多年的好友。去年,李华创业遭遇了巨大的困境,公司面临倒闭。正当他感到绝望时,王明毫不犹豫地借给他一笔资金,帮助他渡过了难关。一年后,李华的公司逐渐扭亏为盈,他决定向王明表达深深的感激之情。

"王明,记得去年我遭遇困境时,你如及时雨般出现,借给我那笔救命的资金。"李华深情地说,"是你让我看到了希望,让我能够重新站起来。我永远都不会忘记你那时的帮助。"

适当地回顾过去与对方的共同经历或对方给予的帮助,能够让感谢的话语更加真诚、感人。

2. 具体描述

在表达感谢时,具体描述对方给予的帮助或支持能够让感谢显得更加真挚和有力。通过具体描述,能够让对方明确地知道他们的哪些行为对另一方产生了积极的影响。

杨丽是一名教师,她非常感激她的同事张强。因为每当她有急事或生病时,张强总是会主动帮她代课,代管她的班级。为了表达感谢,杨丽决定写一封感谢信。

"张强老师,我真心感谢你。每次我有事或生病,你总是第一时间站出来帮我。记得有一次我急性肠胃炎住院,你不仅帮我代了整整一周的课,还每天去医院看望我,给我带来水果和安慰。你的无私帮助,让我深深感动。"

杨丽没有停留在表面的感谢,而是详细地描述了张强如何在关键时刻给予她帮助,以及这些帮助对她产生的影响。这样的描述,无疑使感谢更加真挚和有力。

3. 送上祝福

以美好的祝福作为结束,不仅能传递出当事人的善意,还能让对方感受到更为深厚的温暖。这些祝福，无论是关于幸福、健康还是关于成功的，都如同暖阳般照耀在彼此的心间。

　　赵丽，一个热爱旅行的背包客，在一次徒步旅途中，有幸结识了志同道合的李刚。两人结伴同行，一路上，李刚给予了赵丽许多帮助与照顾，让她的旅程变得更加顺利与愉快。在分别之际，赵丽衷心地想要表达自己的感谢之情。

　　她对李刚说："李刚，谢谢你这一路上的照顾和帮助。因为你，这次旅行变得更加难忘和美好。愿你的未来一切顺利，继续走在热爱的路上，看尽世间美景。"这样的结束，无疑让彼此的心灵更加贴近，也让感谢之情更加持久与深刻。

　　综上所述，高情商地表达感谢需要做好回顾过去、具体描述以及送上祝福三个环节。特别是在商务活动中，高情商地表达感谢，是深化合作关系、提升个人魅力的有效途径。这就要求我们在日常交往中更加细腻、敏感，用心去感知他人的好，并以恰当的方式回馈这份美好。在这个过程中，我们不仅温暖了他人，也丰富和提升了自己。

礼尚往来不逾矩

在人类悠久的文明史中,礼,作为一种超越言语的交流方式,始终扮演着情感桥梁的角色。它不仅是一份物质的馈赠,更是一种情感的传递、一种文化的传承、一种智慧的展现。

正如一句话所说:"礼尚往来,情感绵长。"恰当的礼品赠送,不仅能彰显你的品位与用心,更能深化双方的信任与友好,为合作铺设坚实的基石。特别在处理商务关系时,一份恰到好处的礼物,辅以得体的场面话,能够彰显送礼者的素养与尊重。

这里所说的"礼",绝非指那些不正当的行贿手段或邪门歪道。相反,它展现的是一种人情世故的练达,一种对合作伙伴的理解和尊重。

那么在日常工作和生活中我们该如何以"礼"为媒,搭建友谊和合作的桥梁呢?关键要做好以下几点。

1. 避免触犯对方的风俗禁忌

为避免送礼带来不必要的麻烦或误解,必须深入了解受礼人的身份、爱好以及民族习惯。例如,若受礼人是上海人,就不能送苹果。因为在上海方言中,"苹果"与"病故"发音相近,送苹果可能会带来不必要的误解。为了避免这种情况,我们可以选择其他寓意吉祥、合适的礼物。在送礼时,可以讲一些体贴入微的场面话,例如:"我精心挑选了这份礼物。希望它能为您带来好运和喜悦,同时寓意着我们合作的顺利与成功。希望您能喜欢。"

2. 掌握好送礼的时机和频率

过于密集地送礼可能会让对方感觉到你的功利心过重,从而对你产生戒备心理,对双方的合作关系造成不利影响。选择在一些重要的节日、庆典或寿辰等具有特殊意义的日子送礼,就显得很自然了。

在这样的日子里,可以精心准备一份礼物,并附上一句话:"在这特殊而美好的日子里,特地为您准备了一份小礼,希望它能为您带来喜悦。同时,也祝愿我们的合作能够像这个节日一样,充满欢乐与成功。"这样的话语,不仅巧妙地表达了送礼的意图,还借机加深了双方的情感联系,为未来的合作奠定了更加坚实的基础。

3. 礼品要有一定的寓意

每一份礼物都承载着送礼人的独特情感和考虑,或许是深深的谢意,或许是殷切的期望,又或许只是单纯的情感传递。一份有意义的礼品,能够恰如其分地表达我们的心意,让收礼的人感受到这份礼物的特别与珍贵。所以,在选择礼物时,要深入了解对方的兴趣和爱好,努力寻找那些既独特又不落俗套的礼物。

比如,可以送商务朋友一些土特产,通常情况下他们是不会拒收的,否则会显得没有人情味。又如,给一些喜好酒肉的客户送礼,可以在周末的时候和对方打个招呼:"喂,今晚上你那儿聚一聚,你准备菜,我带酒。"到时多带两瓶酒,喝一瓶留一瓶。想必,对方会愉快地接受。

场面上的礼尚往来是一门艺术,自有其约定俗成的规矩,送给谁、送什么、怎么送等,都很有讲究,绝不能瞎送、胡送、滥送。虽然有"'礼'多人不怪"之说,但还是以让人高高兴兴地收下礼物为好,否则,花钱找罪受,还办不成事,又何苦呢?

精准表达承诺或回馈意愿

在商务合作中,在恰当的时候表达承诺或回馈意愿是一种远见与智慧。精准而诚挚的承诺如同一张隐形的契约,构建了信任的基石,让合作伙伴能够安心托付,共赴愿景。

无论是口头的郑重许诺,还是书面的明确表态,每一种表达方式都需精准拿捏,既要展现出你的诚意与决心,又要避免空洞与夸大,确保所承诺的每一件事都能掷地有声,落实到位。同时,我们也将探讨如何在合作顺利推进时,适时表达回馈的意愿,用实际行动证明你的感激之情,让合作关系更加稳固与持久。

具体来说,需要把握好以下两点。

1. 承诺的表达方式

承诺,是人际交往中非常重要的"信任货币"。它如同一座桥连接着现在与未来,沟通着心与心的交流。一个真诚的承诺,能够瞬间拉近双方的心理距离,奠定合作的坚实基础。在商务场合,承诺不仅是口头上的允诺,更是对未来行动的预演,体现了一个人的合作精神与执行力。因此,要重视承诺的表达方式,努力让承诺获得对方的认可。

在商务会议中,承诺的表达需结合会议主题,展现出高度的专业性和可靠性。面对合作伙伴提出的合作意向,可以说:"尊敬的合作伙伴，我们深知此次合作的重要性，我代表团队郑重承诺，我们将全力以赴，确保项目按时按质完成，同时，我们会定期向贵方汇报项目的进度，确保每一步都透明可追溯，共同迈向成功。"

首先，在表达承诺时要确保承诺的内容明确、具体，避免使用含混不清的语言。例如，与其说"我们会尽力提供优质的服务"，不如明确承诺"我们将在 24 小时内响应您的需求，并提供专业的解决方案"。这样的承诺更具说服力，也更容易赢得合作伙伴的信任。

其次，承诺要与实际行动相符。空口无凭的承诺只会损害个人和企业的信誉。因此，在做出承诺之前，要充分了解自身的能力和条件，确保承诺的内容是可以实现的。

最后，承诺要有约束力。一旦做出承诺，就要尽力去履行。如果由于特殊原因无法兑现承诺，应及时与合作伙伴沟通，并寻求双方都能接受的解决方案。

2. 回馈意愿的表达

回馈意愿是表达感激和认可的重要方式。恰当地表达回馈意愿，可以增进与合作伙伴之间的关系，为未来的合作奠定良好的基础。

某企业在与一家重要供应商进行合作谈判时，供应商提出了一些较为苛刻的条件。为了表达诚意和决心，企业代表在场面话中明确承诺："我们非常重视与贵公司的合作，并愿意为了双方的共同发展做出努力。我们将尽全力满足贵方的要求，并确保合作过程中的顺畅沟通。"同时，企业还提出了一些具体的回馈措施，如提供技术支持、市场推广等，以回报供应商的支持与信任。

首先，在表达回馈意愿时，要真诚地感谢合作伙伴的支持与信任。这种感谢不仅要体现在言辞上，更要通过实际行动来回报合作伙伴的厚爱与支持。例如，可以为合作伙伴提供优惠政策、增值服务或定制化的解决方案等。

其次，回馈意愿要与对方的需求和期望相匹配。针对性地给予回馈，往往能够取得更好的效果。例如，如果合作伙伴注重品质和服务，那么可以提供更高品质的产品或更贴心的服务来回报他们的支持。

需要注意的是，在表达承诺与回馈意愿时，要把握好"度"，既不要太低，体现不出相应的商业价值，也不要过高，让对方产生不切实际的期望。如有必要，可给出一些切实可行的落地方案与时间框架，让人觉得你很真诚，不是在"放空炮"，而是有实力、有意愿兑现的，从而愿意投入更多的资源。

恰当地表达承诺或回馈意愿是达成合作的重要环节之一。用得体的场面话将明确的承诺和具体的回馈措施讲出来，不但可以拉近彼此的距离，也能增进对方合作的意愿，为双方的合作奠定良好的信任、情感基础。

下篇 场面话的说与演:话术的设计与施行

第八章

用开场白打开气场

开场白,是每一次交流的序曲。无论是正式的会议演讲、轻松的社交聚会,还是偶然的相遇,一个精心设计的开场白不仅能够破冰,打破初见的尴尬,更能彰显个人魅力,为后续交流营造良好的氛围。

说好开场白，要这样做

开场白如同戏剧的序幕，是第一缕照进听众心灵的光。它不仅是话语的启航，更是情感与思维交流的桥梁。一个精彩的开场，犹如晨曦初照，瞬间点亮全场；苍白无力的开篇，则如同未燃尽的烛火，黯淡了后续的光芒。因此，开场白讲不好，无异于尚未开始便已失去，浪费了宝贵的交流机会。

以公开演讲为例，介绍一下好的开场白要具备的四大特征。

1. 对象把握准确

日常生活的交流要看对象，公开演讲更要如此。不同年龄层次、职业背景的听众，对信息的接收偏好和反应各不相同，因此，针对不同的听众，要定制不同的开场白，这样才能有效促进信息的传递与情感的共鸣。

例如，为一群活泼可爱的少年演讲，那开场白应当充分考虑孩子们的年龄特点和心理特质，宜选择充满童趣、生动活泼的语言风格。如果一味沿用成人语言的正式与严肃，诸如"尊敬的各位领导、来宾……"不仅显得格格不入，还会削弱孩子的兴趣与参与感。相反，采用如"嘿，亲爱的小伙伴们，还有我们最最亲爱的家长老师们，大家好呀！今天，我们要一起开启一场超级有趣的探险之旅啦！"这样的开场，立刻就能拉近与孩子们的距离，激发他们的兴奋与期待。

在特定的专业会议或学术论坛上，开场白则需更加精准地契合行业特色与会议主题，比如："尊敬的专家学者、业界同人，大家上午好！在这充满创新与挑战的时代，我们齐聚一堂，共同探讨……的发展与未来。"

2. 主题交代清晰

在演讲启幕的黄金时段，即关键的一两分钟内，务必确保听众能够捕捉到你演讲的核心议题。遗憾的是，不少演讲者错失良机，选择以一个未经铺垫的故事突兀开场，使听众宛如在迷雾中航行，直至演讲接近尾声时，方才恍然大悟："原来，他所分享的一切，旨在探讨如何成为一个卓越的创业者。"如此，不仅浪费了宝贵的时间，也削弱了信息的穿透力。

高明的开场策略在于，一登场便直指要害，巧妙解答两大核心疑问：为何你的话语值得每一位听众的聆听？你的洞见将如何点亮他们的人生之路，带来实质性的益处与启迪？这样，可迅速聚焦听众的注意力，让他们从一开始就明白这场演讲的主题是什么、有怎样的价值等。

3. 场面映衬精彩

在不同的场合演讲或主持，犹如在调配情感的调色板，需要精准拿捏氛围的色彩。在正式场合中，言语当如钟声沉稳，传达出庄重与敬意；在轻松愉悦的环境中，则需言语如春风化雨，洒落欢笑与亲和。以晚宴盛会为例，主持人可以这样开场："尊贵的嘉宾，亲爱的朋友们，今夜星光璀璨，是为我们而闪耀！在这欢聚的美妙时刻，让我们携手，以满心的喜悦，共同翻开今晚精彩纷呈的一页，准备好，让心灵的舞台随着第一个音符的跳跃，华丽启航！"

此番开场，不仅恰如其分地映衬了晚会的欢快气氛，更以诗意的语言瞬间拉近了与听众的距离，激起了大家对即将上演节目的无限遐想与热切期待。紧接着，无缝过渡至首秀节目，确保活动流畅开展，氛围持续升温，为整晚的精彩奠定基调。如此，不仅映衬了场合，更引领听众无缝融入，共赴一场难忘的视听盛宴。

4. 氛围调节到位

构建开场时的理想氛围，是引导听众情绪、奠定演讲基调的首要步骤。为了达到这一目的，采取创意手段预先热场极为关键。这不仅限于安排一段活力四射的表演来预热，更常见且高效的做法，是通过幽默诙谐的言语直接触动听众的心弦，瞬间提升现场的互动性和趣味性。李敖先生曾在北京大学的演讲便是一个经典范例。

当时，他是这样开场的："我最害怕四种人：一种是根本不来听演讲的；一种是听了一半去厕所的；一种是去了厕所永远不回来的；一种是听演讲不鼓掌的。"此言一出，现场立刻被笑声和掌声淹没，气氛顿时活跃起来。

心理学中的首因效应告诉我们，初次印象往往对后续认知产生深远影响。对于一场演讲或对话而言，开场白正是塑造首印象的关键。它不仅是言语的合理堆砌，更是情感、态度乃至个人魅力的集中展示。事实证明，优秀的开场白能在瞬间吸引听众的注意力，激发他们的好奇心与期待，为后续内容铺设一条顺畅的展现之路。

定位好自己的角色再开口

在人际交往、商务会议或公众演讲中,许多人在进行开场白时,常常忽略了一个重要的前提:定位好自己的角色。

一个有效的开场白,必须建立在对自身角色的清晰认知之上。如果开场白与自己的身份、地位、职业等自身情况不符,必然会影响说话的效果,甚至容易闹笑话。

想象你是一位导演,正在执导一部即将公映的电影。电影的开头,即你的开场白,不仅需要迅速吸引观众的注意,更要准确传达影片的风格与基调。同样,当你站在演讲台前,或任何需要发言的场合,最先应深思:我是谁?在这里扮演何种角色?我的目标听众是谁?他们期望从我这里得到什么?

无论是作为演讲者、主持人,还是任何交流场景中的参与者,明确自己说话时所扮演的角色,是构建有效沟通桥梁的首要步骤。不同的角色要求不同的开场白策略和语言表达方式。

通过定位好自己的角色,可以更好地设计开场白,从而建立起与听众的连接,提升沟通和演讲的效果。

1. 专家分享者:开场白应当体现权威与深度

当以专家的身份站在台上,可以先简短介绍自己的专业背景,预告将如何引领听众深入未知的领域,激发听众对专业内容的好奇与渴望。例如，可以说："尊敬的各位听众，大家好。感谢大家在百忙之中抽出宝贵时间来参加今天的分享会。在此，请允许我先做一个简短的自我介绍。我是××，深耕此领域已经数十载，见证了该领域的许多变迁与进步。今天，我非常荣幸能够站在这里，与大家分享我在这个领域的研究成果和心得。在接下来的时间里，我将带领大家深入探索科学的最前沿，揭开××领域的神秘面纱。我相信，无论是对此领域已有一定了解的同人，还是初次接触的听众，都能在我的分享中找到新的视角和启发。让我们一起踏上这段奇妙的探索之旅吧！"

这样的开场白，既体现了专家的权威地位，又激发了听众对未知领域的好奇心和求知欲。

2. 主持人：化身氛围营造者与引导者

主持人作为活动的灵魂人物，其开场白对于整个活动的氛围起着至关重要的作用。一个优秀的主持人，不仅要具备热情洋溢、温馨亲切的语调，更要有能够瞬间拉近与观众距离的能力，其开场白要能预告出活动的亮点，激发观众的参与感。

通常，主持人可以采用下述方式的开场白：

"亲爱的朋友们，大家晚上好！在这个美好的夜晚，我们欢聚一堂，共同迎接这场汇聚梦想与创意的盛宴。感谢每一位到场的朋友，是你们的热情与期待，让我们的活动更加璀璨夺目。"

"今晚，这里将成为梦想起航的港口，每一个瞬间都将被铭记，每一份精彩都将绽放。我们将共同见证奇迹的发生，感受每一个震撼心灵的时刻。无论是激动人心的表演，还是扣人心弦的竞赛，都将让我们热血沸腾、心潮澎湃。"

"在这里，没有距离，只有亲近；没有陌生，只有热情。让我们携手开启这场难忘的旅程,共同创造属于我们的美好回忆。请大家尽情享受今晚的每一刻,让快乐与激情在这个舞台上碰撞、燃烧!"

3. 团队一员:展现团队精神与个人贡献

作为团队一员,说好开场白的关键在于平衡展现团队精神和突出个人贡献。首先,表达对作为团队一员的自豪感和荣誉感。其次,简要介绍团队的特色、目标或最近的成就,以此吸引听众的注意力。在不夸大个人作用的前提下,谦逊地提及自己在团队中所扮演的角色和取得的成就。最后,平稳地将开场白与接下来的演讲或分享内容连接起来。

举个例子:"大家好,我非常荣幸能站在这里,作为我们杰出团队的一员与大家分享。我们这个团队,一直以来都秉持着协作、创新和追求卓越的精神。在过去的一年里,我们……在团队中,我负责××××,我很自豪地说,在我们最近的一个项目中,我的努力为团队的成功贡献了一份力量。今天,我想与大家分享我们团队的故事……"

这样的开场白既展现了团队精神,又突出了个人在团队中的价值和贡献,同时为接下来的演讲或分享做了良好的铺垫。

总之,定位好自己角色的开场白,意味着成功迎合了场合的需求、听众的期待以及自身的目的,这样的开场白有的放矢,直击人心,为后续的交流奠定了坚实的基础。

说好东道主式开场白

无论是家庭聚会、朋友婚宴,还是公司会议、社团活动,经常需要我们作为东道主来开场。作为东道主,其开场白不仅是简单的寒暄,也是创造活动氛围、激发参与者热情的关键环节。想象一下这样的画面:当宾客们陆陆续续到达,带着期待与好奇的眼神环顾四周时,一个恰到好处的开场白如同一把钥匙,瞬间开启了一场美好相聚的大门。

比如,你是一位家庭聚会的主人,可以这样设计开场白:

"亲爱的家人和朋友们,大家好!首先,我要感谢大家在百忙之中抽出时间来参加我们的家庭聚会。我是今天的主持人,也是这个家的主人。今天,我们聚在一起,不仅是为了庆祝我父亲的70岁生日,更是为了享受这个大家庭的温暖和欢乐。希望大家能在这个特别的日子里,放下平日的忙碌,尽情地享受这份亲情和友情。再次感谢大家的到来,希望我们今天能度过一段难忘的时光。"

一个得体、热情且富有创意的开场白,不仅能够缓解一些人初次见面的尴尬,还能迅速拉近彼此的距离,让来宾感受到宾至如归的温暖。

那么,在现实中的一些场合,说好东道主式的开场白,需要注意些什么呢?关键有四点。

1. 了解你的宾客

了解你的宾客，有助于更好地设计开场白，让每一位宾客都感受到被尊重和被重视。通过了解他们的背景、兴趣和需求，可以更加精准地找到与他们沟通的切入点，在此基础上设计的开场白，就可以有效拉近彼此的距离。那么如何了解他们呢？可以事先沟通，如在活动之前，先了解他们的职业、兴趣等信息。也可以查阅资料，或询问共同朋友。对他们的情况有了一个整体把握后，再据此设计开场白。比如，如果来宾多为老朋友，可以提及共同的美好回忆。如果是一群新面孔，可以从共同的目的或兴趣点出发。

2. 设定活动基调

活动的基调，简言之，就是活动所希望呈现的整体氛围和情感色彩。它主要取决于活动的性质和目标受众，可以是温馨的、活泼的，也可以是严肃的、正式的。

例如，对于家庭聚会或私人派对，可能营造一种温馨、亲切的氛围。这时，开场白可以包含对家人的深情寄语，或者对好友间的趣事回忆，以此拉近彼此的情感距离。对于商务会议、颁奖典礼等正式场合，开场白需要更加严谨和专业。这时，可以强调活动的重要性，以及参与者所承担的责任和角色。对于庆典、嘉年华等轻松活泼的活动，开场白可以更加生动有趣，以激发参与者的热情和活力。

3. 适时的创意互动

创意互动不仅可以迅速拉近与宾客的距离，还能增加活动的趣味性和参与度。通过别出心裁的互动方式，让宾客更加积极地参与到活动中，从而提升整体氛围。

比如，提出有趣的问题。在开场白中，可以向宾客提出一些有趣且轻松的问题，激发他们的思考和回答欲望。又如，设计一些简单而有趣的小游戏，让宾客在游戏中互相认识、交流，从而打破初次见面的尴尬。除此之外，可以鼓励宾客分享自己的小故事或经历。

4. 融入情感元素

在东道主的开场白中融入情感元素，能为活动增添一份温馨与感动，让宾客在参与过程中收获更多的美好回忆。在表达感激之情时，可以用令人温暖的语言欢迎每位嘉宾的到来，强调他们对这场聚会的重要性，比如："在这星光璀璨的夜晚，能与诸位共聚一堂，我的心中充满了无比的喜悦与荣幸。"如需对特定的来宾进行单独感谢，可展现具体关怀，比如："特别感谢李总，您的指导一直是我们的灯塔；还有张工，无数次的深夜探讨，让项目有了今天的成果。"除此之外，像分享个人情感与故事、回顾共同经历等，也可以作为情感元素。

总之，成功的东道主式开场白不仅需要精准的信息传递，更要蕴含深厚的情感力量，让每一位宾客在踏入聚会的那一刻，便能有一种归属感且能感受到被重视的温暖。

通过深入了解宾客、设定恰当的基调、创意的互动设计，以及真诚的情感流露，东道主式的开场白将成为一把情感钥匙，开启一场心灵相通的盛宴。从这个意义上说，它是聚会的灵魂序曲，是情感与氛围的调音师——一次精心策划的开场白，是在编织一张记忆的网，将不同的个体紧紧相连，创造出超越时空的情感共鸣。

一开口就要与听众产生共鸣

关于开场白的重要性,许多名人给出过很好的忠告,大文学家高尔基说:"最难的是开场白,就是第一句话,如同音乐序曲一样,引领着后续旋律的走向与情感,通常要花好长时间去寻找。"

这段阐述强调了两个核心点:首先,开场白如同音乐序曲,决定了沟通或演讲的整体格调与受众的第一印象;其次,它揭示了创作有效开场白背后的不易,那是智慧累积与不懈探索的结晶。

1957年,毛泽东主席在对苏联进行国事访问期间,特地抽空前去看望了在莫斯科大学求学的中国留学生。他在莫斯科大学发表了一段演讲,开场白别具一格,充满了亲切与幽默。其中,他提了三个问题,第一个,他问:"这儿的朋友里,有来自湖北的同志吗?"同学们大声说"有"。他说:"我游过你们的长江。"第二个,他问:"在座有没有湖南的同学?"同学们大声说"有"。他说:"我游过你们的湘江。"第三个,他又问:"在座的有没有广东的朋友?"同学们大声说"有",他又说:"我游过你们的珠江。"现场又是一片雷鸣般的掌声!通过三个问题,毛主席拉近了与在座的各位留学生的心理距离。

由此可见，一个好的开场白，并不在于语言的华丽或气势的磅礴，而在于能够迅速触及听众的内心，与他们产生强烈的共鸣。一般来说，开场要与听众产生共鸣，需及时明确并传递三个听众最关心的问题。

1. 你主要谈什么

在正式谈话或演讲的开始，把握住头一两分钟的黄金时间，为听众勾勒出你即将展开的主题框架，是至关重要的。避免为了制造笑点而刻意讲笑话，或是为了烘托气氛而游离于主题之外，在轻松的开场白之后，应迅速切入正题。

例如，可以这样引领听众："今天，我将聚焦于三个核心问题，它们将为你揭开理财的奥秘。首先，我们探讨如何有效地赚取收入；其次，我们将深入研究投资策略；最后，我们一起探讨如何巧妙地让小资金实现大增值。"这样的开场，清晰又直接，让听众对你的演讲内容了然于胸。

如果一位演讲者以一个小故事开场，却迟迟不揭示主题，听众很可能在故事结束后仍然感到迷茫，直到演讲接近尾声时，才恍然大悟："哦，原来是关于如何成为一个称职妈妈的讲座。"这样的迂回，无疑让听众走了不少弯路。因此，开宗明义，直击主题，才是吸引和保持听众注意力的关键。

2. 我为什么要听你讲

站在听众的立场来说，就是你有什么资格跟我们讲，你所讲的内容是否权威、专业和有效，怎么表现你的实力呢？实际上，这也是别人在你开口后最关心的问题之一。对于演讲者来说，为了打消听众的这个疑虑，在开场的时候，可以委婉地告诉对方自己的专业背景与实力。

例如，可以说："我在这个领域已经深入研究了十几年，积累了丰富的经验。"或者分享："我帮助过众多客户实现成长和转变，提升了他们的效率和收入。"

这样的开场白能够间接地展示你的经验和学识，让听众从内心对你产生重视和敬意。对于知名专家来说，他们的名声和资历在一定程度上已经为他们赢得了听众的信任。但对于普通人来说，则可能需要通过展示自己的实力和专业背景来赢得听众的认可。

3. 你讲的对我有什么好处

每个人都有私心，关心自己胜过关心别人，因此，在交流或演讲时，明确传达"我讲的内容对你有什么好处"这一点至关重要。为了吸引听众的注意力，在刚开场时就要给出明确的回答。例如，你可以说："今天的分享将帮助大家提升与客户打交道的技巧，让你在谈判中更加游刃有余。"有些听众一听："哦，这正是我的短板，我得认真听听。"

一开场就交代清楚上述三个听众最关心的问题，是实现暖场的关键。通过这种方式，能够与听众迅速建立共鸣，而这种共鸣就像是一把钥匙，能够打开听众的心门，让他们更加投入地倾听你的演讲、更加深入地理解你的观点。

第九章

吃出人情世故，说出人脉关系

饭局是特殊的社会剧场。从基本的客套到高级的情感共鸣，从开场的寒暄到结束时的道别，从餐桌上的谈资到宴会后的美好回忆，都蕴含着人情世故和千丝万缕的人脉关系。一定要利用好这一特殊的社会剧场，使其成为你人生跃迁的战场。

喝的不是酒，喝的是人情世故

在中国的餐桌文化中，酒局不仅是为了满足口腹之欲，它更像是一个微型的社会剧场。一桌佳肴，几杯醇酒，看似简单的组合，却能催化出复杂微妙的人际化学反应。

酒桌上，人们举杯畅饮，谈笑风生，表面上是酒酣耳热，实则是人情交融，情感升华。一杯酒，可以拉近彼此的距离，化解尴尬，增进感情，更可以达成默契，成就合作。所以，在一场场觥筹交错中，酒成了情感交流的媒介。

那么，在酒桌上，如何把握说话的分寸，既能展现喝酒的"规矩"与礼仪，又能烘托酒桌上的氛围，同时还能收获人心呢？

1. 找准举杯的时机

在酒桌上，杯不可以乱举，酒不可以乱喝。初期，人们通常会进行简单的自我介绍和寒暄，此时的氛围较为正式，不宜过早举杯，以免打断他人发言或显得急躁。

随着交谈的深入，当人们开始更加放松，笑声与话题逐渐增多，酒桌上的氛围开始升温，这便是举杯的最佳时机。这时，可以适时地站出来，举起手中的酒杯，深情地送上你的祝福或感激。

或者当酒桌上的话题触及共同的经历、趣事或共同关心的热点时，参与者往往会表现出强烈的情感共鸣。抓住这样的时机举杯，可以将这种正面情绪推向高潮,让祝福或感激的话语更加深入人心。

举杯时的祝词应简单明了,避免冗长的演讲,确保所有人都能集中注意力,共同参与到这一温馨的时刻中。

2. 选择恰当的"引子"

在酒桌文化中,选择恰当的引子是引导话题、营造氛围的关键。一个引人入胜的开头,不仅能够迅速拉近人与人的距离,还能为接下来的交流奠定温馨、和谐的基调。常见的"引子"主要有以下几种。

一是共享美好回忆。比如:"记得去年的这个时候,我们在海边举行团建活动,那时候的夕阳特别美,大家围坐在篝火旁,分享着各自的故事,那份温馨让我至今难忘。"需要注意的是,回忆的内容应当是正面的,避免提及可能引起尴尬或不快的往事。再就是回忆的描述不宜过长,避免占据过多的时间,让话题能够顺利过渡到其他方面。

二是共同经历的挑战。例如:"回想起去年的那个项目,我们面临前所未有的挑战,但正是那段日子,让我们见证了团队的力量……"在提及共同挑战时,应肯定每位成员的付出与努力,避免只聚焦于少数人,造成不平衡感。

三是未来展望。比如:"展望未来,我相信还有更多精彩的旅程等待着我们。无论是个人的成长还是团队的发展,让我们携手并进,共创美好明天。"在表达对未来的期待时,既要保持乐观,也要基于现实,避免过于空泛或不切实际的承诺。

3. 适时表达,增进感情

酒桌上的"场面话",除了营造气氛、拉近距离外,还要起到增进感情的作用。在酒桌上,可以通过一些真挚的话语,表达对对方的感谢、祝愿和祝福。例如,可以向对方表达感谢:"感谢您一直以来的帮助""您对我的支持和鼓励,让我获益匪浅"等。也可以向对方表示祝愿:"祝您身体健康,事业顺利""希望我们以后有更多合作的机会"等。这些真挚的表达,能够让对方感受到你的真诚,增进彼此的感情。

4. 避免谈论敏感话题

在酒桌上,应当避免谈论敏感话题,如政治、宗教或个人隐私等。这些话题往往带有强烈的个人观点和情感色彩,容易引发误解、尴尬或不同意见之间的碰撞。所以,当没有新鲜的话题可谈时,为了避免冷场,不妨选择一些相对轻松的话题。比如,美食就是一个永远不会过时的话题。你可以分享自己最近发现的美味餐厅或者独特的烹饪技巧,抑或询问他人对某道美食的看法。除此之外,旅游、电影等也是比较安全的主题,讲述旅行中的趣事和见闻,或者交流彼此心中的梦想旅行目的地,都能让对话变得轻松而有趣。通过这些轻松愉快的话题,可以更好地享受社交过程,同时能保护和尊重每个人的观点和感受。

在酒桌上说话,看似随便,实则蕴含着复杂的人情世故。只有在轻松与庄重、直接与含蓄之间找到完美的平衡,才能让每一次的举杯与对话成为展现个人魅力与增进人际关系的契机。

饭桌上要不要出口成章

出口成章，可以展现一个人良好的口才，但是在饭桌上，话不在多，而在是否言之有物、恰如其分。古语云，"言之无文，行而不远"。在饭桌上的每一次开口，应如同精雕细刻的艺术品，既不过于雕琢而失自然，也不流于平凡而寡味。因此，在饭桌上与人交谈，一定要适时、适度、适境。

有的人一到饭桌上，二两酒下肚，瞬间就变成了话痨，高谈阔论、卖弄文采，甚至会抢了主人的风头，这其实是严重的失礼。反之，在饭桌上一声不吭，没有参与感，甘做"闷葫芦"，会让人觉得不懂人情世故。

那么，在饭局上到底要不要出口成章呢？关键要看具体的场景。一般来说，遇到以下几种场景，应出口成章，得体而有见地地表达观点或情感。

1. 开场致谢

宴会开始时，是展示口才的绝佳时机，这时可以先对主人的热情招待表示感谢，为整个聚会营造一种温馨、愉悦的氛围，比如可以说："今天真是荣幸，能在这个美好的时刻与大家相聚，感谢××（主人的名字）的盛情邀请，让我们有这样一个温馨的聚会……"

这个时候，说话应避免使用"嗯""啊"等口头禅，或出现口误、结巴现象。同时，注意语速不要过快，给自己留出思考的时间。如果表达能力不是很强，为了做好开场致谢，可以提前准备一段台词，并熟练地背诵下来，以确保在现场能够流畅、自信地表达出来。

2. 赞美环境或美食

当身处一个精心布置的聚会场所，或是面对一桌丰盛的佳肴时，出口成章的赞美不仅能够让主人感受到被认可和尊重，还能够为整个聚会增添一份温馨和谐的气氛。如赞美场所："今天的聚会场所真是别有一番考究，看这精致的装饰，每一处都透露出主人的用心和品位。这些巧妙的布置不仅让整个空间散发出温馨的气息，还让人感受到了家的温暖。"

赞美美食："这桌丰盛的佳肴，真是色香味俱全。你看这每一道菜都像艺术品一般，色彩搭配得恰到好处，香气扑鼻，让人赏心悦目又垂涎欲滴。这些美食不仅满足了我们的味蕾，更是一种视觉上的享受。真不愧是××饭店的拿手好戏，让人回味无穷。"

3. 回忆往昔，展望未来

在分享与在座朋友的美好回忆，或是展望未来时，应该一气呵成，流畅地叙述那些共同的经历和感受。流畅的叙述能够营造一种连贯的情感流，容易让在座的朋友们跟随你的思绪，沉浸于共同的回忆之中，或共同憧憬未来。同时，流畅而有逻辑的叙述更容易给人留下深刻印象，听众更有可能记住你说的要点和表达的情感。

比如，可以这样说："记得上次我们相聚，还是在那个令人难忘的××项目成功庆祝会上。那时的我们，满怀激情，为了一个目标而共同努力。转眼间，又是一年过去了，我们再次相聚在这里，共续前缘。我相信，我们的友谊和合作会像这陈年的美酒一样，越陈越香，越来越醇厚。在未来的日子里，期待我们能够携手并进，创造更多的辉煌。"

4. 夸赞他人

当我们用流畅、贴切的语言来赞美他人时，这种赞美会更加真挚和有力，能够让被夸赞的人深刻感受到我们的认可和尊重。同时，出口成章的赞美可以增添聚会的文化内涵，让在场的人都能感受到一种高雅和愉悦。

比如，你参加了一个晚宴，坐在你旁边的是一位年轻的作家。你可以这样夸赞他："我刚看过你的新作，不禁被你的深刻见解和细腻描写打动。你的作品不仅展现了你卓越的文学功底，更传递了你对人生的独特思考。能够与你同桌共餐，我感到非常荣幸。"

5. 送上祝福

出口成章的祝福往往意味着你在表达之前经过了深思熟虑。这不仅体现了对受祝福者的重视，还展现了你的文化素养和良好意图。这样的祝福听起来更加真诚，能够更好地表达你对对方的美好祝愿和深切关怀。

比如，在一个朋友的创业项目成功启动庆祝会上，你可以这样表达祝福："在这个充满无限可能的时刻，站在这里见证你梦想启航的瞬间，我心潮澎湃。记得数月前……在此，我不仅要庆祝你项目的成功启动，更要致敬你背后无数个日夜的坚持与汗水，那是一段无人问津的旅程……今天，我们举杯，不仅为你的成功，更为那些即将到来的辉煌成就，为你的项目能够持续引领变革，影响并造福更多人的生活。来日可期，愿你我同行……"

除了上述五种场景，还有许多适宜出口成章的场景。当然，在有些情况下，是不适合出口成章的，妙语连珠、字字珠玑很可能会给他人造成尴尬或不适。例如，他人发言未完时，就插嘴或打断对方，急着表达自己的观点,或讲自己的故事。又如,尚未开席时,大家还在等待主人开席的信号,便开始长篇大论。

总之,饭桌交流重在营造融洽、愉快的氛围。适时、适量、适题地发言,方能让每个人在轻松愉快的环境中分享想法,品尝美食的同时享受心灵的滋养。

恰到好处地运用流行语

一场成功的饭局与宴会，不仅是美食的盛宴，更是语言艺术的展现场。在推杯换盏的社交场合，恰到好处地运用流行语，不仅能够点亮谈话，促进情感交流，还能让你成为那个引领话题风向、彰显社交艺术的魅力人士。

流行语，也可以称为时髦语、潮流语或流行词汇，是在特定时期内广泛流传于大众之间，被频繁使用的词语或短语。这些词语通常与当时的新闻事件、社会趋势、文化现象、娱乐热点紧密相关，能充分反映社会心态、公众情绪或特定群体的价值取向。可以说，流行语是一种时代文化的缩影。

在某公司的一次工作总结会上，大家你一言我一语讨论着各自忙碌的工作与生活的平衡问题，气氛略显沉重。这时，公司一位副经理适时插话，他面带微笑说："你们看，我们这不就是在'打工人，打工魂，打工都是人上人'的道路上越挫越勇吗？虽说偶尔感觉身体被掏空，但想到月底那份'小确幸'——工资到账的短信声，瞬间又满血复活，继续'加油，你是最棒的'！"

此话一出，立刻引来一阵会心的笑声，大家纷纷点头，似乎在繁忙与压力之中找到了共鸣。这句融合了多个流行语的发言，不仅巧妙地活跃了现场气氛，还展现了发言者对当前社会现象的敏锐洞察及幽默感，无形中拉近了与在场人的情感距离，体现了个人的社交智慧与时代感。

在平时的一些社交场合，使用流行语来活跃氛围，展现个人社交智慧时，需要注意以下几点。

1. 了解流行语的背景和含义

每个流行语的诞生都有其特定的历史或社会背景，它们可能是对时事的反映，如对某一新闻事件的幽默概括；也可能源自热门影视作品中的一句台词，因角色或情节而走红；抑或网络社群中为了简便交流、增强趣味性而创造的新词。例如，"凡尔赛文学"源自法国贵族生活方式，后来在网络上被赋予新的含义，用来形容一种看似不经意实则刻意炫耀的行为，它背后隐含着对某些社会现象的微妙讽刺。

正确理解流行语的含义至关重要，因为脱离了原本的语境或文化基础，可能会导致误解甚至冒犯他人。例如，"U1S1"（有一说一）源自网络论坛，本意是诚恳地表达观点，若不了解其来源，可能会错误地解读为一种挑衅或不友好的开头方式。同样，"打工人"这一词虽然表面上自嘲，实则蕴含着对劳动价值的认可和对生活不易的共鸣，如果不了解这一层含义，就难以准确把握其使用时的幽默与自励效果。

2. 识别参与者的群体特征

不同年龄层、性别、职业背景，以及不同兴趣爱好的群体，对流行语的接受度和偏好也不同。对于年轻人来说，互联网是他们获取信息和社交的主要平台，因此偏好网络梗、表情包语言、短视频平台的热门话题。相比之下，年长的人可能对经典电影、老歌、历史事件的记忆深刻。至于职业背景，不同行业内部有着自己独特的术语和行话，比如科技行业的"黑科技""云计算"，金融领域的"风口""独角兽企业"。另外，还可以从兴趣爱好方面进一步细分人群，比如，动漫爱好者可能对与"二次元""宅文化"相关的流行语津津乐道，体育迷则对赛事经典瞬间的描述或运动员的绰号更为熟悉。

3. 选择合适的流行语

在饭局或宴会这类社交活动中，精准使用流行语，就像是在调制一杯风味独特的鸡尾酒，既要考虑口味的普遍接受度，也要注重材料的新鲜与搭配的巧妙。

首先，注意流行语的时效性。它如同时尚潮流，瞬息万变。选择那些正处于热度上升期或正值流行的词汇，能够有效地增加对话的现代感和趣味性。相反，使用已过气或不再流行的表达，可能会让人觉得你的信息来源闭塞，甚至产生代沟感。

其次，选择那些带有积极向上、幽默风趣色彩的流行语更为合适。避免使用可能会引起争议或带有不适的敏感话题的相关流行语，确保谈话内容健康且具有包容性。

4. 把握好表达时机

流行语的使用要讲究时机，不应为了说而说。在饭局逐渐升温、气氛轻松愉快时，适时插入一句幽默或贴切的流行语，能够瞬间提升氛围。例如，在谈论到某个朋友近期的成功时，一句"这波操作，简直是'YYDS'（永远的神）"既表达了赞美，又紧跟潮流，让人会心一笑。

此外，留意饭局中的"沉默间隙"，适时插入一句轻松幽默的流行语，也能有效缓解尴尬，重启话题。比如，在短暂的冷场时，一句"来来来，咱们换个频道，别让气氛'社死'（社交死亡）了"，既能巧妙转移话题，又以自嘲的方式活跃了氛围。

需要注意的是，在讨论较为正式或敏感的话题时，过多使用或不当引用流行语，则可能显得轻浮，甚至会在无意中冒犯他人。因此，在这些场合，使用流行语应当更加谨慎，或者选择更加正式和稳妥的表达方式。

除此之外，还要学会结合当下情境对一些流行语创新，使之既有新意又贴合主题。比如，当大家赞叹某道菜的美味时，一句"这味道，直击灵魂深处，绝对是'舌尖上的MVP（最有价值球员）'"既贴合美食话题，又增添了趣味性。

总之，流行语不仅是语言的装饰，更是时代情感的载体。如前文所述，在饭局和宴会这一独特的社交舞台上，恰到好处地运用流行语，不仅能够点亮谈话，促进情感交流，还能让我们成为那个引领话题风向、彰显社交艺术的魅力人士。

敬酒、劝酒，有话说

在许多社交场合，可谓"无酒不成事"。席间无论是敬酒还是被敬，总归难免客套寒暄一番。当酒桌文化被发挥得淋漓尽致，大家的感情也定能得到升华。所以，即使只是场面上的应酬，敬酒的礼节也是不能少的。

在敬酒时，每一句话、每一个动作都蕴含着独到的心思与情感的交流，具体到说什么、如何说，都是大有讲究的。

一般来说，敬酒或劝酒的形式有三种，分别为文敬、互敬、罚酒。

文敬：酒席开始，主人往往在讲上几句话后，便开始了第一次敬酒。这时，宾主都要起立，主人先将杯中的酒一饮而尽，并将空酒杯口朝下，说明自己已经喝完，以示对客人的尊重。客人一般也要喝完。

互敬：这是客人与客人之间的"敬酒"，为了使对方多饮酒，敬酒者会找出种种必须喝酒的理由，若被敬酒者无法找出反驳的理由，就得喝酒。

罚酒：这是中国人"敬酒"的一种独特方式。"罚酒"的理由也是五花八门。最为常见的可能是对酒席迟到者的"罚酒三杯"。有时也不免带点开玩笑的性质。

在敬酒时，由于种种原因，人们往往都想让对方多喝点。对主人来说，让客人多喝点，以表示自己尽到了主人之谊，客人喝得越多，主人就越高兴，认为客人看得起自己，如果客人不喝酒，主人就会觉得有失面子。面对这种局势，善饮酒、喜饮酒的人也许是无所谓的，但对于确实不会喝酒、不能饮酒的人来说，实在是"一场灾难"了。

作为出席"酒场"必须掌握的礼节，敬酒和劝酒也是一门应酬技巧。要敬出尊重、劝出水平，把该说的话说到位，体现出情谊。敬酒和劝酒时，可以参考下面几句话。

1. "只要感情好，能喝多少，喝多少"

这句话可以展开来说，例如："在人海茫茫中相遇，是缘分的馈赠，远比九千九百九十九朵玫瑰来得更加珍贵。真情实意岂是物质所能衡量？只要感情足够深，能喝多少，便喝多少，无须刻意，更不必强求。今晚，愿以这杯中之物，代替千言万语，喝多少随你！"

2. "只要感情有，喝什么都是酒"

你如果的确不能沾酒，不妨以饮料或茶水代酒，并这样问对方："我们俩有没有感情？"对方会说："当然有！"你可以顺势说："只要感情有，喝什么都是酒。感情是什么？感情就是理解。理解万岁！"然后，你一饮而尽，表示一下。

3. "只要感情到了位，不喝也会陶醉"

考虑到对方实际情况，当不宜再喝时，为了让敬酒既优雅又不失风趣，同时体现你对情感的珍视，可以这样说："今晚我们在此相聚，实属难得。古人云，'酒逢知己千杯少'，在我看来，真正的知己，又何须千杯来证明？在座的每位朋友都是我人生路上的宝贵财富，与你们相聚的每一刻，都足以让我心生陶醉。我想说的是，'只要感情到了位，不喝也会陶醉'。这杯中之物，无论它是醇厚的酒，还是清雅的茶，都不及我们之间深厚的情谊来得醉人。"

4. "为了不伤感情，我喝；为了不伤身体，我喝一点"

如果你劝他人："喝！感情铁，喝出血！宁伤身体，不伤感情；宁把肠胃喝个洞，也不让感情裂个缝！"显然，这种做法不可取。如果在场的人有不胜酒力，或是大家喝得已经差不多了，你可以这样说："让我们以这小小的一杯，代替千言万语，既庆祝今宵的欢聚，也祈愿未来无论风雨，我们都能以健康的身心，继续同行。"如此，便可巧妙地表达"为了不伤感情，我喝；为了不伤身体，我喝一点"这样一层意思。

5. "感情浅，哪怕喝大碗；感情深，哪怕舔一舔"

在宴席之上，纵使言辞千回百转，终难免归结为一句"干杯"。比如："你不喝了这杯酒，一定嫌我长得丑。"又如："感情深，一口吞；感情浅，舔一舔。"像这样劝酒，就是常将酒量与人的品性、情感深度绑定，未免失之偏颇。因此，要避免使用类似的敬酒词。取而代之，可以在敬酒时委婉地表达"感情浅，哪怕喝大碗；感情深，哪怕舔一舔"这样的意思，如可以说："诸位，让我们在这一瞬间，超越酒杯的局限，真正地以心传情。要知道，情谊的深浅，从不拘泥于杯中之物。'感情浅，哪怕满碗佳酿，不过是过喉之水；感情深，哪怕轻点杯沿，亦能激起心湖的涟漪。'"

敬酒和劝酒不仅是一种仪式，更是一种艺术。在敬酒、劝酒时，以恰当的方式说出精练、贴切的话语，不但可以展现自己的风度与智慧，也能让每一次的举杯都成为加深友谊、促进交流的美妙时刻。

得体而不伤和气地拒酒

在社会大舞台上，无论是日常交友，还是职场交流，都免不了要坐在一起吃吃喝喝。大家围坐一桌，佳肴配美酒，无形中，心中的那层隔阂就变得淡了，言语在微醺之时更为坦诚。

然而，面对这份餐桌上的热情，不少人在敬酒的礼俗前显得有些手足无措。他们或由于身体原因，或由于酒量原因不便再喝，但又不知道如何当众拒酒，经常是以"已喝多了"或"不能喝啦"回应。话说出来，心中又忐忑不安，生怕伤了和气，或被误解为不够通达情理。所以，有些时候他们会逼着自己硬喝。

在一场客户答谢宴上，李先生因为不擅长拒绝，面对客户的接连劝酒，尽管心中百般不愿，还是勉强应承下来。刚开始时，他还试图用小口抿酒的方式来减少饮酒量，但随着气氛的高涨，他渐渐失去了控制。

"李先生，再来一杯，咱们的合同可就看你这杯酒了！"客户张先生热情地劝道。李先生苦笑了一下，心里清楚自己酒量有限，但碍于面子和业务压力，还是硬着头皮接过了酒杯，心中暗想："就这一次，为了合同，拼了。"

"好，张总，那我恭敬不如从命，咱们合作愉快！"李先生说着，一饮而尽，周围响起一片掌声。然而，随着晚餐的进行，李先生的脸色越来越红，言行也开始有些失控，原本想要展现的专业形象大打折扣。

在现实生活中，像李先生这样的人有不少，他们不会优雅而有效地拒酒，即便是面对一些"出格"的敬酒，也常常选择默默忍受，这不仅损害个人健康，还在无形中降低了社交的形象。

那么在拒酒时，如何做到既尊重自我边界，又不失礼节呢？

1. 提前声明

在饭局开始之前或刚入座时，可以适时且礼貌地向大家说明自己不饮酒的原因。提前告知可以减少后续不必要的劝酒。比如可以这样说："各位，真的很高兴能和大家聚在一起。不过，由于最近在调养身体／需要开车回家／个人信仰原因，我今天就不参与饮酒了，希望大家理解，我以茶代酒，感情一样深。"

2. 幽默化解

用轻松幽默的方式拒酒，以化解可能产生的尴尬，同时增添饭局的乐趣。比如："看来今晚的主角应该是这桌上的美食，而我决定全身心投入与它们的交流，酒嘛，就让它在一旁做最美的配角吧。"

3. 坚持原则

面对持续的劝酒，根据实际情况保持温和但坚定的态度，重申自己的立场，同时表达对他人的尊重。例如可以说："真的非常感谢您的热情，但我的确喝不了酒。相信真正的情谊不会因为一杯酒而有所不同，咱们就以茶代酒，聊得开心最重要。"

4. 寻找盟友

如果自己不擅长喝酒，但是有一个很会喝酒的朋友也在酒桌上，则可以适当向他求助。这也是一些老板爱带着自己的助理参加酒局的原因。当别人来敬酒的时候,身边的人替你挡一下,和对方解释你不能喝酒的原因,然后替你喝一杯。这种拒酒方式也是非常巧妙的。

比如,在领导开始敬酒之前,提前与同事商定好对策,让同事在领导敬酒前就提出,如可以说:"贺总,小赵两个月前动过手术,上次才喝了一口就不行了,住了好几天院呢。"在同事的协助下,让同事先开口解释,比你自己解释强百倍。

5. 装疯卖傻

如果有人非要劝你喝酒,你可装出一副豪迈的样子,并对他说:"诸位的盛情,比这酒更令人沉醉。虽然我酒量欠佳,但这份情谊我铭记于心。今天,为了表达我满腔的热忱与尊重,我醉了也值。"然后一饮而尽。接着,便装作不胜酒力的样子。看你这般模样,对方或许不会再强行敬酒了。这样,你既巧妙地避开了进一步的饮酒,又避免了可能的尴尬和误解。

6. 提供替代方案

提出以其他饮品代替酒的建议,表明自己虽然不饮酒,但仍乐于参与庆祝。比如可以说:"虽然我不能喝酒,但我愿意为大家的欢乐时刻献上一杯特调果汁/优质茶饮,让我们一起举杯,为我们的合作干杯!"

总之,拒酒时,通过合理的解释和委婉的言辞,可以既坚守自己的原则,又不伤和气,维护和谐的社交氛围。当然了,拒酒并不是拒人于千里之外,而是为了更好地保护自己和他人,让社交活动更加健康、愉快且有意义。

第十章

好的场面话是设计出来的

精彩的场面话,往往不是"复制"来的,而是预先构思、巧妙布局的结果。根据社交环境的特性、听众的心理预期,以及自身想要传达的核心信息,设计出既能展现个人魅力,又能触动人心的场面话,方能构建出一个既自然流畅又充满影响力的交流空间。

意在言先，意随言转

不论在哪种场合，真正的说话高手，在开口之前，心中已有丘壑，言出之时，意蕴随之流转，从而达到一种"意在言先，意随言转"的境界。可以说，他们的言辞如同一位优雅的舞者，能轻巧地在人们的思想与情感的旋律中跳跃、旋转。这不仅是一种沟通的艺术，更是深邃心智与高超表达的完美结合。

意在言先，即在没有开口说话之前，通过种种暗示或者迹象，营造出某种特定氛围，让对方知晓自己的意图。例如，一位妻子希望在结婚纪念日收到丈夫送的项链。于是，在纪念日前，她开始频繁地在丈夫身边浏览珠宝广告，偶尔还会评论项链的美丽与优雅，尽管没有直接说出愿望，但她通过这些微妙的提示，成功地让丈夫领会到了她的心意。这种在直接表达前，通过间接方式传达意图的行为，就是"意在言先"的生活实例。

在商务谈判中，作为谈判的一方，你事先已经深入研究了对方的商业背景、利益诉求和可能的底线。谈判初期，你直接而礼貌地提出了核心要求。随着谈判的深入，你发现对方对某个条款有所犹豫，这时你灵活调整策略，采用"意随言转"的技巧，通过比喻和实例说明该条款的长远利益，同时表达理解和尊重对方立场的态度，最终让对方认可了这个条款。

在现实沟通中,如何做到意在言先、意随言转呢?

1. 意在言先:勾勒沟通的蓝本

意在言先强调的是,在开口之前,心中已有明确的意图和策略。它如同导航标,指引着言语的航向。具体来说,要做到以下三点。

首先,明确意图。在对话之前,深入思考并清晰界定你想要达到的目的:是希望传达具体的信息,确保每个人都能准确无误地接收到关键数据或指令?还是旨在说服,通过逻辑论证、情感共鸣来改变他人的观点或行为?抑或解决冲突,通过中立客观的语言与调解技巧来平息矛盾,寻求共赢方案?明确意图后,就可以围绕这一中心有目的地组织内容与策略。

其次,分析听众。对听众进行细致的剖析,包括对他们的背景、兴趣偏好、情感状态及潜在立场等进行了解。了解这些信息后,选用最能触动他们心灵的语言风格与表达方式。比如,对于技术背景的听众,使用专业术语和相关精准数据,会更有利于取得他们的信任;而对于易情绪化的群体,需更多采用共情语言,展现理解和关怀。

最后,情境预判。通过对不同情境的预判,灵活调整语速、语调、身体语言等,确保沟通方式与当下环境完美契合。在正式场合,使用严谨、专业的语言,注重礼节与形式,能体现尊重与专业度;而在非正式环境中,随和、幽默的语言风格能营造轻松愉快的交流氛围。在紧急情况下,清晰、直接、高效的沟通尤为关键,需要迅速抓取要点,确保信息的即时传递与行动的快速响应。

2. 意随言转:掌控沟通的灵动艺术

要想做到"意随言转",意味着在沟通交流的过程中,不仅要具备高度的敏感性和灵活性,还要有深厚的同理心与情境感知能力。若能掌握这一技巧,就能极大提升沟通的效果与深度,具体来说,做到意随言转，需把握好以下三点。

首先，情境适应。这要求说话者要像变色龙一样，能够根据环境的变化灵活调整自己的表达策略。这里的"适应"，不只是对物理环境的适应，更是对沟通氛围、对方情绪状态及对话内容的即时响应。例如，在正式会议中，可能需要更加严谨、逻辑性强的表达；而在朋友聚会中，则可放松语气，增添幽默元素。

其次，情感共鸣。通过语言的艺术和非言语行为的巧妙结合，如温柔的语调、鼓励的眼神、适时的点头等，拉近与对方的心理距离。当讲述一个故事或分享一个观点时，加入个人情感色彩，使内容更具感染力，让对方感受到你的真诚与热情。

最后，适时调整。在沟通过程中，要做好持续的反馈，包括言语反馈和非言语暗示。当发现对方对某一话题反应冷淡或表现出不耐烦时，应迅速调整策略，或是转换话题、简化语言，或是调整语速和音量。反之，若对方对某个点表现出浓厚兴趣，可以适当深入探讨，甚至通过提问引导对方分享更多看法。这种适时的调整不仅让对话更加流畅，也能有效维持对话的积极性和互动性。

意在言先，意随言转，不仅是说好场面话的精髓所在，也体现了人际交往中的策略与智慧。它就像棋盘上高手间的对弈，每一步棋都深思熟虑，同时能够灵活应变，以顺应局势的发展。这样的交流，早已超越了单纯的言说，它更在于倾听、理解与共鸣。

话题展开，遵循"四部曲"策略

话题，即谈话的主要内容，直接界定了说话的意义与边界。选择一个既契合听众兴趣，又能传递正向价值观的主题，是说好场面话的关键。例如，若话题不慎落入偏颇，像"金钱至上""合理即合法"等话题，不仅无法赢得听众的支持，反而可能招致质疑与反感。相反，深刻且具有启发性的议题，则能激发深思，提升说话的格调与影响力。

一旦锁定了某个话题，并想在表达过程中驾驭好该话题，吸引听众的注意力，则需遵循"四部曲"策略。

1. 提问：流畅开启话题

在一些场景中，提问并不只是为了营造氛围，更多的是为了自然地引出话题。这种提问需要精心编排，旨在为接下来要讲的内容做铺垫，让在场的人知道接下来要讲什么。最简单的提问方式，就是直接问对方："你们有没有兴趣听关于×××方面的事啊？"

在提问时，需把握以下几个技巧。

一是开门见山式。如果话题比较新颖，不妨开门见山直奔主题，避免无聊的寒暄，或做过多的铺垫。这样立即展开主题，节约大家的时间。

二是"卖关子"式。也就是揣着明白装糊涂，通过提问制造神秘感，激发听众的好奇心。例如可以问："有个紧迫问题正在困扰我，且关乎各位，想知道是什么吗？"或"这部热门电影并不合我胃口，你们知道为什么吗？"

三是开放与封闭结合式。结合开放式与封闭式提问，快速聚焦话题。例如，先抛出封闭式问题直击核心："企业发展的关键有哪些？"随即通过听众反馈："资金、市场、技术、人才等。"转入开放式讨论，再以封闭式确认："管理的作用重大，对吗？"得到肯定答复后，继续以开放式询问："那如何高效进行人力资源管理呢？"这样，自然过渡到讲话核心——"人力资源管理的优化策略"。

2. 展开：进行有序论述

当确定了一个话题后，要有条理地展开，使听众能够紧跟自己的思路。以下是展开话题的三个关键步骤。

首先，对话题进行定义和解释。例如，选择"如何做销售"为话题时，需要先阐释"销售"的基本含义，并进一步拓展其内涵。接着，从一个独特的视角切入，提出新颖的观点。例如，可以强调："成为金牌销售的核心在于三大要素：出色的口才、稳定的心理素质以及专业的素养。"这样，听众能够清晰地捕捉到讲话的主旨。

其次，结合案例分析。在阐述每个分论点时，除了理论说明，还应结合生动的案例。案例的叙述不仅要引人入胜，更要紧扣主题。陈述完一个案例后，需要对其进行分析，从中提炼出有价值的思考或方法，使听众从中受益。

最后，对话题进行归纳总结。在所有分论点讨论完毕后，对话题进行简短的总结，确保与主题相呼应。这种"总—分—总"的逻辑结构使讲话内容更加紧凑、有条理。此外，总结时还可以对分论点进行适当的升华，提升内容的深度和广度。

3. 承转：自然过渡衔接

承转，即话题或内容的承接、转换。有水平的场面话，承转自然，连贯性强，听上去如行云流水一般，不会觉得偶有唐突。

承，即在前面的话语之后，向细节、背景、后续、具体等方向展开挖掘。在问题承接时，要注意前后之间的这种关系。例如，"××是个大网红，你们知道他是如何火起来的吗？"

转，包括话题的转折和转换，可以导向对立的观点，或引出一个全新的话题。例如："尽管我持有这样的观点，但也有不少人反对。他们为什么会持有不同意见呢？"

可以看出，承转的关键在于提问。所有的讲话都是在回答是什么、为什么、怎么办这三个问题。事实上，有时当众发言就是一个自问自答的过程。所以，承转要处理得好，需要精心设计相关环节的问题。

4. 时间控制：组合演讲模块

对于很少当众讲话的人来说，选定准确的说话时间是一个挑战。通常，他们只是大致估算说话的时间。很多时候，有的人由于紧张、语速的波动等，原本计划讲二三分钟，结果只讲了二三句话就"断片"了，不得不草草收场。

考虑到不同场景和需求，讲话的时长也会有所不同——可能是5分钟的简短分享、20分钟的专题演讲，也可能是1小时的深入研讨。为了有效地掌控发言时间，可以采取以下策略。

一是灵活组合讲话内容。为了精准控制发言时间，应提前做好准备，将演讲内容拆分为多个主要模块，并准备不同时长的内容组合。根据时间充裕程度，可以选择性地展开或缩减某些模块。

二是进行试讲演练。在正式发言之前，进行试讲练习。通过试讲，可以掌握每个模块所需的时间，并对整体讲话流程有更清晰的了解。

三是加强计时训练。为了提高对时间的把控能力，平时要进行多种时长的计时训练，如5分钟、10分钟演讲等。这样可以增强对时间的敏感度和把控度。

恰当的话题选择与精湛的展开技巧，不仅是发言者智慧的展现，更是其情感共鸣与受众连接能力的直接映射。因此，为了游刃有余地驾驭各种场面，一定要学会"没话找话"，并巧妙编织话语，使之既贴合情境，又触动人心。

即兴成篇：三定四问五借

在许多场合，即兴讲话都是一项巨大的挑战。它要求发言者在毫无准备的情况下当众发言，即在短时间内迅速构建思路，并用得体的语言表达出来。这一过程类似于即兴创作，需要高度敏锐的观察力，以及思维的敏捷转换，要迅速从周围环境或话题中提炼要点，随后迅速组织语言，并保证论述自洽流畅。

欠缺即兴成篇能力的人，当众讲话不是经常东拉西扯、离题万里，就是词不达意、语无伦次，很难吸引听众的注意力。要想不断提升即兴发言的能力，一个行之有效的方法是，不断运用"三定""四问""五借"策略。

1. "三定"：定话题、定观点、定框架

"三定"策略为即兴发言者提供了一个高效准备的路径，帮助他们在短时间内构建出逻辑清晰、内涵丰富的演讲内容。

首先，定话题。

选择一个合适的话题是即兴发言的第一步，也是吸引听众注意力的关键。这要求发言者具备敏锐的洞察力，能够快速判断出哪些话题既有个人表达的欲望，又能引起听众共鸣，同时确保自己对该话题有足够的了解和见解可以分享。平时，可以通过关注时事新闻、科技进展、文化现象、社会热点等多方面信息来丰富自己的知识库，拓宽话题范围。此外，个人经历、情感故事或专业领域的独到见解往往也能成为引人入胜的话题。

其次，定观点。

一旦话题确定，接下来就需要明确发言中的核心观点。观点应当新颖、深刻，最好能挑战常规思维或者提供独特的视角，这样才能有效吸引并保持听众的兴趣。在寻找观点时，思考该话题对听众有何意义，如何通过你的论述启发思考或引发共鸣。避免使用陈词滥调或过时的观点，因为这些很难触动人心。同时，确保观点积极向上，符合社会主流价值观，以免造成误解或负面反应。鲜明而有力的观点是话题的灵魂，它能让话题具有说服力和影响力。

最后，定框架。

框架如同骨架，支撑着整个发言的内容和逻辑。在即兴发言中，快速选定一个合适的框架对于组织思路至关重要。常见的框架模式包括现象分析（描述现象—分析原因—提出解决方案）、活动策划框架（目标设定—计划制订—执行策略—预期效果）、理查德四部曲框架（引入问题—分析问题—提出解决方案—呼吁行动）等。根据发言的具体内容和目的选择最适宜的框架，可以使发言条理清晰，易于听众理解和记忆。

2. "四问"：时间、听众、场合、内容

"四问"，即问自己四个问题：什么时间、什么听众、什么场合、他人已经讲过什么内容。这"四问"能从四个方面约束思路，帮助发言者快速找到即兴发言的框架。

一位因搬家而转学的高二学生，在新学期的班会上被班主任邀请即兴发言。在快速思考后，他确定了发言的四个要点：新学期、新伙伴、新老师以及迎新场合。意识到其他人已经表达了许多迎新的决心，他决定以"辞旧迎新"为主题,强调为了与新伙伴和新老师共同进步,必须摒弃旧的习惯、方法和观念。他的即兴发言,围绕"辞旧迎新",既切题又新颖,赢得了热烈的掌声,被同学们赞誉为"口才达人"。

3."五借":借题、借事、借景、借地、借话

巧妙地使用"五借"策略,可以使讲话的内容更加丰富和有趣。

一借,借题发挥。通过引入具体的事例、故事或者历史事件,发言者可以让抽象的观点变得生动和具体。听众往往容易被真实的故事打动,这样的演讲方式也更容易引起听众的共鸣。

二借,借事发挥。即巧妙地借用场景内外的一些事情与议题的某些关系进行阐述,成为一席发言。如果借助的事情较多,可以从中选取一两件,然后深入问题的本质,以快速有效地构思成篇。

三借,借景发挥。通过借眼前之景、生活之景,乃至会场之景,以迅速形成发言的"由头",并以此构成全篇的框架。在作即兴讲话时,可借助会场中的某一摆设、某一幅作品、某一种景物等,以此作为引子,以实现"由具体到抽象"的发言效果。

四借,借地发挥。发言者引入与主题相关的历史、文化或者特色,完成发言。借地发挥可以迅速拉近与听众的距离,使发言更贴近听众的日常生活和背景。

五借,借话发挥。可以引用前人的名言、警句或者流行的网络用语,来增强发言的说服力和感染力。同时,也可以呼应前面其他发言者的观点,或者与听众进行互动,使发言更加流畅和自然。

"三定""四问""五借"是快速构思的"三部曲",也是出口成章的思维导图。掌握并灵活运用这些技巧,就如同掌握了即兴表达的"金钥匙",能在各种场合下迅速解锁思维,流畅而有力地传达思想与情感。

引导对话：灵活地承接话题

对话，是思想的交换，是情感的流通，也是理解与被理解的桥梁。然而，并非所有的对话都能顺畅无阻。有时，我们会遇到尴尬的沉默、无意的冲突或偏离主题的漫谈。在这些时刻，巧妙接住并引导对话的能力显得尤为重要。它不仅能够避免交流的僵局，保持对话的连贯性，还能增进彼此的理解，甚至能化解潜在的矛盾。

那么，如何才能巧妙地接住并引导对话呢？

1. 倾听为先，理解为本

真正的对话始于倾听。有效的倾听不仅是听见对方的话语，更要理解其背后的情绪、需求和未尽之言。这要求我们在对话中保持专注，通过非语言信号（如点头、眼神接触）反馈对方，展现出你的全情投入。

2. 适时回应，延续对话

适时回应，意味着把握最佳的介入时机。在对方话音刚落的那一刻，在恰当的停顿后给出回应，既不显得急躁，又没有让对话陷入尴尬的沉默。这种时机的拿捏，能让对方感到被重视与被尊重，为后续的沟通交流奠定基础。

比如，在一次朋友聚会中，大家正围绕一部热映的电影展开讨论。一位朋友正在分享她对某部科幻电影特效的看法，言语间透露出兴奋之情，其间，她停顿了一下，希望得到大家的反馈。这时，可以微笑着回应："确实，那部电影的特效着实震撼，特别是最后一幕的太空战斗更是让人震惊，我觉得可以算得一个里程碑。不过，我更好奇的是它背后的故事构思，你觉得编剧在传达什么深层信息呢？"

这样的回答不仅表明了你在认真听对方说话，还通过提出一个引申问题，引导了更深层次的对话，使得聊天氛围更加活跃且富有思考性。

3.灵活运用"接话棒"

在一些场合，有时难免会出现短暂的大家无话可说的沉默时刻。它们就像乐章中的休止符，虽然短暂，但能为整首曲子增添节奏感。但是，过长的沉默可能会让气氛变得尴尬。这时，就需要有人能够灵活地运用"接话棒"，用轻松而能引起共鸣的话题来重新点燃现场的氛围。

比如，可以从桌上的美食开始谈起，"这道红烧肉真是色香味俱佳，让人回味无穷"；或者分享一些近期的趣闻，"你们听说了吗？最近有个新闻说……"这样的话题往往能迅速吸引他人的注意力，让人们重新投入对话中。

另外，对现场某个细节的观察与赞美也是一个不错的方法。比如，可以夸赞主人的家居布置："装修风格真有品位，看得出来是下了不少心思。"或者对某人的衣着给予肯定："你今天这件衣服真有格调，很适合你。"这样的赞美不仅能让对方感到愉悦，还能自然地延续对话。

4.融入幽默元素

恰到好处的幽默是氛围的调味剂。一句机智的玩笑或适度的自嘲，不仅能迅速缓和可能出现的紧张气氛，还能让人与人在轻松愉快中拉近距离，使交流变得更加自然和惬意。

在引导话题时，幽默的运用需要一种微妙的平衡。一方面，它要能够引发笑声，缓解正式或紧张的气氛；另一方面，要尊重在场的每一个人，避免触碰到可能的敏感点。因此，在融入幽默元素时需格外小心，确保不会触及任何敏感话题，抑或让在场的人感到不适或尴尬。

比如，可以分享一些轻松的生活小故事，或是以自嘲的方式谈论一些无害的小插曲，这样既能展现风趣，又能确保话题的轻松和友好。

5. 包容多样的观点

在一些场合，难免会遇到来自不同背景、持有各种观点的人士。这时，要把话接好，必须保持开放的心态。这意味着要愿意倾听并尊重他人的观点，即使这些观点可能与你的见解截然不同。因此，当遇到不同的观点时，不要急于否定或反驳，而要尝试理解对方的立场，从中找出最大"公约数"。这样，可以创造一种包容、理解的交流氛围，有利于一些话题的深入交流。

6. 优雅地收尾

每个话题都有其生命周期，当一个话题已经被充分讨论，或者察觉到大家的兴趣和注意力开始转移时，就是时候考虑优雅地收尾了。

适时地结束一个话题，不仅显示了对话题的掌控能力，还体现了对在场人的尊重和体贴。毕竟，长时间纠缠于一个话题可能会让人感到厌倦，而适时的转换可以保持话题的新鲜感和活力。

综上所述，对话艺术的核心在于细腻的观察、真诚的交流与适度的引领。它需要我们具备良好的倾听习惯、敏锐的观察力、丰富的知识储备、快速的思维反应能力以及平和的心态。掌握了这些技巧，便能在对话的海洋中自如航行。

遵循逻辑：说话要有层次感

场面话，即在特定的场合、为了特定的目的而说出的话。它可能是为了活跃气氛、增进感情，或者是为了达成某种共识。然而，无论场面话的目的何在，都应该遵循逻辑原则，使其具有感染力和说服力。

逻辑包括三个元素：概念、判断、推理。概念是对一类对象本质特性的概括；判断是运用这些概念去识别某个对象是否符合既定的类别；推理则是通过一系列的判断步骤，导出关于对象的新知识。逻辑性强的场面话如同遵循一条清晰的思路轨迹，从界定核心概念出发，经由准确的判断，最终得出合乎逻辑的结论。

场面话说得有逻辑，会给人一种清晰、有条理和专业的感觉。也正是因为思路清晰、有条不紊，才能让说出来的话更有说服力。那么，在场面上说话，如何做到条理清晰，言之有物，把该说的话说到点上，显示出较强逻辑呢？关键把握好以下三点。

1. 设计发言结构

这里的"结构"，可以理解为内容在逻辑上的排列方式，它如同搭建一座思维的桥梁，指导着信息的呈现次序——从哪里启程（开头），沿途经过哪些景点（内容展开），最终如何顺畅抵达终点（结尾）。

一个设计优良的结构,确保了论述的各个部分按照逻辑和时间的脉络有序铺展,先是引人入胜的开篇,接着是层次分明、逐步深入的阐述,直至总结时的回顾与升华。这样的安排使得每一个观点都能精准落地,相互支撑,形成闭环。听众能在这一思路引导下,轻松跟随,不仅接收信息无碍,更能感受到内容的连贯之美,留下深刻且清晰的记忆印迹。

常见的发言结构有以下几种。

一是"总—分—总"结构。通常,首先开头以讲故事(或提问)的方式引出观点,其次通过几个部分进行论述观点,最后进行一个观点的总结和升华。这种结构是发言的万能结构,无论是小型会议,还是大型发布会,它都可以让发言逻辑鲜明,条理清晰。

二是时间轴结构。这是一种经典的发言框架,它的魅力在于,能够以直观且富有节奏感的方式展示主题的演变、现状及展望,让信息的传递既连贯又富含深度。通常的结构为:开篇回首往昔,中场洞悉现状,高潮点燃梦想,结尾展望未来。

三是表达陈述式结构。这种结构的主要表现形式为观点—理由—案例—总结升华。开头先表达观点;随后阐述自己的理由;接下来讲述几个自己的故事,或者关于他人的案例;结尾时进行观点的总结和提升。

四是黄金圈结构。它源自演讲家西蒙·斯涅克(Simon Sinek)的经典理论,以人类决策行为的深层逻辑为核心,构建了一种高效而引人入胜的发言框架。这一结构鼓励人们从内而外地思考和表达,首先阐明"为什么"(Why),其次解释"怎么样"(How),最后才介绍"是什么"(What)。这样的顺序,不仅顺应了人们心理接收信息的自然流程,也极大地增强了信息的吸引力和说服力。

2. 将内容模块化

有的人在场面上说话显得很有水平，一个重要原因是有条理性，通常他们在说话前会对讲话涉及的内容进行分类，定出哪些内容先讲，哪些内容后讲，重点讲哪些内容，做到主次有别。接下来，遵循"少即是多"的原则，将复杂的论述精简为几个核心模块。通常情况下，每个主题下包含的要点不超过七项，常将其归纳为三大部分，以符合人类记忆的最佳容量，确保信息传达既高效又深刻。

用逻辑清晰的结构来组织语言，可以确保信息传达既高效又易于理解。比如，有的人说话拖泥带水，东拉西扯，半天讲不到点上，有的人则言简意赅，上来三句话就把想表达的东西都讲清楚了。其中的差别就在于表达是否有逻辑。

特别是当讲话内容比较多时，要自觉地采用序列化的表述方式，如"首先""其次""最后"，或时间序列"过去""现在""未来"，抑或按重要性排序，如"首要""次要"，以此来巧妙构建起内容的骨架。

3. 层次感表达

通常，讲话水平分为三个层级，分别是基础层、语言层、目标层。

基础层聚焦于掌握当众发言的基础元素，即眼观六路、口齿伶俐、手势得体，并构建讲话内容的框架。如果处于这一层级，开篇的前三分钟尤为关键，可以通过放慢语速确保稳定开场，来牢牢抓住听众的注意力。达到这一层级的人，基本上可以应付日常的一些发言，如汇报工作、开会讨论问题等。

进入第二层即语言层后，重点在于发挥个人语言魅力，通过精准表达与生动叙述，提升话语的吸引力。它不仅是技巧的堆砌，更是个性与情感的真实流露，让发言内容更加鲜活有力。这一层级的发言会充满趣味性，让人爱听，基本上可以应付各种大大小小的场面。

在目标层，讲话的目的是触动并说服听众，或深深感染他们。这要求说话者具备高度的语言艺术与情感调控能力，讲话时需饱含激情，适时煽情，确保信息被接收，并实现发言的最终目的。达到这一层级的人，可以称为演说家。

在现实的各种场景中，说话讲究逻辑性非常重要，清晰的逻辑不但可以把控说话的节奏、韵律，增强说话的层次感，还能够确保信息传达的精确性。因此，评判一段讲话的水平，主要看其是否有逻辑性。有逻辑性的表达，才是真正好的表达。

完美收官：散席的点睛之笔

一段精彩的讲话，离不开画龙点睛的结束语，而不仅仅是常见的"感谢"。试想一下，在一场引人入胜的活动或聚会接近尾声时，你要站出来讲几句话，那如何用一两句话将听众的思绪和情感推向高峰，使其在心潮澎湃中带着深刻的启示离开呢？这就需要精心构思一段结束语——它犹如乐章中的最后一个音符，不仅要和谐地融入整场发言的旋律，还要有力量，让人回味无穷。

不论在什么场合，当讲话临近尾声时，一定要以一种有力且令人印象深刻的方式结束发言，其中涉及以下几个关键点。

1. 回顾要点

简要阐述一下在这次发言中讲的核心内容。例如，可以说："让我们一起回顾下，今天我分享了如何从日常做起，共同守护我们的地球母亲。首先，从小事做起，如减少一次性塑料的使用，用行动诠释低碳生活；其次，培养环保意识，让爱护环境成为我们日常生活的一部分，就像呼吸一样自然；最后，让我们成为绿色生活的传播者，用我们的热情和知识，启发周围人一同参与环保行动。这三个方面，是我们每个人都能够实践的环保之道。"

这样的回顾不仅条理清晰，易于记忆，还通过情感的融入，让听众感受到自己是环保行动中不可或缺的一员，从而再次强化了主题,同时温和地预告了演讲的尾声,让听众有所准备,情感上达到一个小小的高潮。

2. 高度概括

用精练的语言,对所讲的内容和思想观点做高度的概括,可以起到突出中心、强化主题、首尾呼应的作用。当然,总结的话不宜过多,如可以这样总结:"今天,我主要讲了……无非想告诉大家……"这里的总结,更像是观点的浓缩——把发言的主题,用有力度的语言陈述一遍。

3. 发表感言

在那些需要适时表达个人感言的场合,如感恩客户、竞聘演讲,或是其他重要庆典讲话,精心构思的感言不仅能够彰显你的真诚与专业,还能建立并增进与听众之间的情感联结,营造共鸣的氛围。

比如,感恩客户时,可以说:"今天站在这里,我的心中充满了感激之情。在这里,我要特别感谢每一位陪伴我们成长、与我们风雨同舟的尊贵客户。你们的信任与支持,如同灯塔般照亮了我们前行的道路,让我们在挑战与机遇并存的商业海洋中乘风破浪。每一次合作,不仅是业务的往来,更是心灵的触碰,价值观的共鸣。请允许我借此机会,向在座的每一位客户朋友深深鞠躬,感谢你们赋予我们的每一次机会,让我们有幸成为你们成功路上的一块铺路石。未来,我们将继续秉持初心,不断创新,力求为每一位客户带来超越期待的服务体验,携手共创更加辉煌的明天。"

4. 感谢听众

不管发言是否精彩,有没有掌声,最后都要感谢听众。许多人由于疏忽或紧张会忽略了这一步,直接宣布"我就说这么多",就草草结束了。尽管听众可能不会苛责这一疏漏,但在最后时刻展现谦逊与感激，是对在场人的一种尊重。

场面话不仅是一次信息的单向传递，更是一场心灵与思想的交流。最终，通过言语上的致谢——哪怕只是一句简单的"非常感谢大家今天的聆听与陪伴"，都是对在场每一个人无声支持的最直接回应。它传达出一种态度，即你珍视并尊重他们的时间与存在。

好的结束语，不仅是对话的终点，更是情感与思想的升华，它如同巧妙的画笔在作品上留下的最后一笔，既为整个作品增添了亮点，又使整体更加和谐统一。因此，不论说什么样的场面话，都不要忘记精心构思一个恰到好处的结束语，为每一次的沟通画上一个圆满的句号。

第十一章

说好场面话,日后好相见

在人际交往的微妙棋局中,不会拒绝并不总是好事,适时地拒绝也未必就是坏事。学会优雅、得体地拒绝,即在明确自己立场、守住自己底线的情形下,以不失温和与尊重的方式说"抱歉",在拒绝的同时,保持了人际关系的和谐与畅通。

拒绝，要"拒"而不"绝"

在人际交往中，我们经常会遇到一些让自己为难的请求。如果言辞生硬地拒绝，很可能会带来不必要的尴尬和冲突。那么如何在坚持自己的原则与底线的基础上，做到既让对方知难而退，又不伤彼此的和气呢？

在《荀子·宥坐》中，记载了一个孔子出游的故事。有一天，孔子带着他的弟子们去参观鲁桓公的庙。在庙中，他们看到了一种有趣的器具。听说这个器具空着的时候会倾斜，装一半水时会端正，装满水时则会翻倒。孔子询问守庙人："这个器具是什么？"守庙人回答："这应该是放在座位右侧，用来警戒人们的器具（后引申为座右铭）。"孔子让弟子们试着往里面灌水，果然如守庙人所说，水满则覆。看到这个情景，孔子深有感触地说："唉，哪里会有装满了水而不倾覆的器皿呢？"

于是，他从中悟出了一个道理：当一个事物发展到极限后，必然会走向衰败。这就像水满则溢、月盈则亏一样，是自然界的规律。

这提醒我们，无论和谁交往，都不要把话说得过满。反映到拒绝一事上，当有人请你帮忙，由于种种原因，你无法帮这个忙，需要拒绝对方，这时你就要考虑如何拒绝为好。你要想到，过于直接或者冷酷的拒绝是不合适的，它可能会让对方感到尴尬，甚至导致双方关系破裂，所以拒绝时不要过于直接和冷酷，要给对方留颜面，这既是对他人的理解和尊重，又是在给自己留方便与退路。

具体来说，拒绝的话要怎么说，才能达到"话上留一线"的效果，从而给双方留出合作的空间与回旋的余地呢？

1. 动作暗示，间接拒绝

通过身体姿态或手势等将自己拒绝的意图传递给对方。比如，不想继续听对方的话时，可以转动脖子，或用手帕拭眼睛，或按太阳穴，抑或做一些漫不经心的小动作。这些动作都在向对方释放一种信号：我较为疲劳、身体不适，希望早一点停止谈话。很明显，这就是一种委婉的拒绝。又如，微笑的中断、较长时间的沉默、目光旁视等也可以表示对谈话不感兴趣、内心为难等心理。除此之外，也可以进行语言暗示，例如，"找我有什么事吗？我正打算出去""还要给你添点茶吗"等，从而间接表达了拒绝的意思。

2. 表明难处，促其放弃

在对方提出请求后，如果一口一个"不行"，显然不是明智之举。稳妥的做法是，先表示理解、同情，然后给出自己无法答应的理由，从而获得对方的理解，使其自动放弃请求。

比如，有位朋友请你帮他完成一个重要的项目报告。但是，你目前已经有很多工作任务，无法腾出时间和精力来帮助他，若直接回答："不行，我没时间。"很可能会让对方感到难堪。比较稳妥的回应方式是："很感谢你的信任，知道你在那个项目上遇到了困难，我也很想帮你。不过，我目前工作压力很大，可能无法抽出时间和精力来帮助你。如果你需要其他资源，我会尽力提供帮助。"

3.引荐他人，转移目标

通过引荐他人来转移求助目标，不仅避免了直接拒绝可能带来的尴尬或冲突，还以积极的方式帮助对方寻找新的机会或资源。这样做体现了善意和关心，有助于维护双方的关系。

马老师是五年级一班的书法老师。她班上转来一名学生，写字不好。这名学生的家长很信任马老师，想请马老师为孩子私下补补课。正巧马老师那段时间家里有事腾不出手，于是就对家长说："真对不起，我实在有点腾不出手来。您看这样行不行，我有个朋友书法很好，经验也丰富，让她帮助补一补可以吗？"家长听了非常高兴。

4.提供方案，展示态度

这种拒绝方式同上一条类似，通过主动提出替代人选或解决方案，加以巧妙拒绝。这种方式不仅表明了自己的诚意，还体现了对对方需求的关心和理解。比如，"虽然我无法帮到你，但我认识一位在这方面非常专业的朋友，我认为他可以给你一些有价值的建议，如果你需要的话，我可以帮你引荐"。

综上所述，在拒绝他人时，应当力求做到"拒而不绝"。"拒"是指要坚守自己的原则和底线，对于无法接受或不能承诺的请求予以明确的拒绝。"不绝"是指要保持双方原有的往来和良好的关系。事实证明，只有做到"拒而不绝"，话上留一线，才能在复杂多变的人际环境中游刃有余，赢得他人的尊重和信任。

用好"理应……不过……"句式

在复杂的人际交往中,如何在不违背本心的同时巧妙地维护好人际关系是一门大学问,尤其是面对那些自己难以承担或不愿接受的请求时,恰当地使用"理应……不过……"这一句式,可以有效地传达拒绝的信息,同时保持礼貌与尊重,避免直接拒绝带来的尴尬与矛盾。

"理应……不过……"这一句式巧妙地融合了理解和拒绝的双重含义。前半句表达了对对方请求的理解与认同,体现了对对方需求的尊重和体谅,营造了一种共情的氛围。后半句则转折引入拒绝的原因或考虑,既表明了个人的立场,又以一种柔和的方式解释了为何不能满足对方的期望。这种表达方式既维护了个人边界,又照顾到了对方的感受,是一种高情商的沟通策略。

来看这一句式在一个历史故事中的运用。

在唐宪宗元和年间,大将李光颜立下了赫赫战功,受到了重用。这让同僚韩弘十分嫉恨。韩弘为了打压李光颜的声望,设了一计:斥巨资精心挑选了一批美貌女子,并教授她们歌舞和演奏等技艺,之后将她们作为礼物送给李光颜,想以此引诱他沉溺于声色犬马,荒废军务。

李光颜当面对送礼的使者说:"韩将军体恤我长期离家,赠送这些美貌女子给我,这确实是一份厚礼。然而,我深受国家之恩,对叛贼怀有切齿之恨。更何况,我们的数万将士都远离家乡和亲人,为国家浴血奋战,我又怎能因私欲而误了国家大事,独自享乐呢?"

在这个故事中,李光颜巧妙运用了"理应……不过……"的逻辑,先是表达了对韩弘赏赐的感激(理应……),随后转折强调了自己的使命与责任(不过……),既拒绝了诱惑,又维护了尊严,展现了高超的拒绝艺术。

在现实中,用好这一句式,不仅能帮助我们优雅地拒绝他人的不合理要求,维护个人的时间、精力和情感边界,而且有助于保护自己的权益,平衡与他人的关系。

那如何才能掌握这种拒绝的艺术呢?需要把握好以下四个关键点。

1. 真诚表达

无论是"理应",还是"不过"之后的内容,都应基于真实情况,避免虚伪或夸大其词,毕竟,真诚才是获得理解的基础。例如,当朋友邀请你参加一个你不感兴趣的聚会时,你可以说:"非常感谢你的邀请,理应去捧场,不过我这周末真的有些疲惫,需要休息一下,所以就不去了,希望你们玩得开心!"这样的回答既真诚又得体。

2. 适时反馈

拒绝不一定非得当场进行,有时稍后的反馈更为妥当。当需要时间来考虑或者寻找合适的理由时,可以先表达理解和支持,再找合适的时机说明拒绝的原因。例如,在职场上,当同事提出一个你不太赞同的想法时,你可以先表示:"这个想法很有创意,我理应全力支持。不过,我需要一些时间仔细考虑一下,看看是否有更好的实施方式。"这样既留出自己思考的时间,也避免了当场的尴尬。

3. 提供替代方案

拒绝他人时,提供一个替代方案往往能让对方感受到你的诚意和合作态度,不仅可以缓解对方的失望情绪,还可能为双方找到新的合作点。比如,如果你想拒绝一个商业合作提案,可以这样说:"我理解你们提案的价值和重要性,理应接受。不过,由于我们目前的策略方向有所调整,所以暂时无法接受这个提案。但我们可以探讨其他可能的合作方式,比如在某个具体项目上进行合作,或者共同开发一个新的市场。"

4. 保持尊重

无论拒绝的理由是什么,都应该保持对对方的尊重,避免使用贬低、嘲讽或不敬的言辞,让对方感受到你的拒绝是出于无奈而非恶意。例如,在拒绝一个不合适的约会邀请时,可以说:"感激你对我的邀请,理应给你一个机会,不过,我觉得我们之间不太适合。希望你能找到更适合你的人。"

巧妙地运用"理应……不过……"的句式,既体现了沟通的策略性,又彰显了生活的智慧。它帮助我们在复杂多变的社会环境中,既能坚持自我,又能与人和谐相处,是实现个人成长与社会融入之间平衡的有效工具。

答非所问,给请托者以暗示

面对他人的请托,如果不方便直接回答"能"或"不能",但又想表达拒绝之意,那么不妨答非所问,谈论一些与请托无关或关系不大的内容,不做正面回应。

比如,当有人请你帮忙安排工作时,可以说一些"你是在说今年高考报志愿的问题吗?现在可不像我们当年了,想当年……""这件事情有点复杂啊,我还需要再考虑考虑"之类的话。这些回答看似没有直接拒绝,但实际上已经委婉地表达了自己的难处和不愿意。

答非所问并非一种逃避或敷衍,而是一种温和而巧妙的拒绝方式,其旨在通过间接表达,无须说"不"字,便可让请托者在不知不觉中领会到自己的真实态度。

在现实生活与工作中,该如何具体运用答非所问这一拒绝技巧呢?以下几种方法可供参考。

1. 转换话题,降低期望

对方提出某项事情的请求,你不便正面应答,这时,可以将话题引到其他方向。如此,既不使对方感到难堪,又可降低对方的期望值,进而达到委婉谢绝的目的。

比如,朋友向你借钱,你不方便借给他,可以这样说:"啊,最近我正在研究天文摄影,你知道吗,拍摄星空真是个技术活,需要专业的设备和耐心。上周末我去山顶拍摄,看到了超级美的银河,那种震撼真是无法用言语形容。对了,你最近在忙些什么呢?"

其中,你并没有直接回应借款的请求,而是转而谈论了自己的兴趣爱好和经历,将话题从借钱转移开。这样做的好处是,既没有直接伤害对方的感情,又有效地传达了你不想出借的态度。对方听后,多半会打消向你借钱的想法。

2. 延伸话题,模糊焦点

遇到敏感或难以直接拒绝的请求,可以通过延伸相关话题,引导对话的方向,让对方在更广阔的视角下重新考虑其请求,从而自然达到拒绝的目的而不伤和气。

比如,有朋友热情地邀请你加入他即将启动的一个创业项目,你没有一点意向,但又不方便直接说"不行",可以这样回应对方:"你提到的这个想法真的很棒,让我想到了之前我们讨论过的某个方案。其实,如果我们能先把××问题解决了,可能整个项目推进起来会更加顺利。你觉得呢?"

这样的回答,首先肯定了对方的想法,其次通过扩展讨论项目成功所需的其他关键因素,将谈论的焦点巧妙转移,相当于委婉地拒绝了。与此同时,也表达了自己愿意以其他方式支持的态度。

3. 开放问答,自行领悟

使用开放性的回答方式,可以为双方提供更多的灵活性和思考的空间。这种方法不是直接给出"是"或"否"的答案,而是通过提出可能性或建设性方案,来让对方自行考虑并做出决定。

假设你是一家公司的经理,有员工向你提出了一个请求,希望能在家里工作几天,顺带处理一些个人事务。如果你不同意这个请求,可以采用开放性回答的方式:"我完全理解你的请求,目前项目进展缓慢，需要大家紧密协作。远程工作确实能提供一些便利，但也会对团队的沟通、协作产生影响。这样吧，我们看看有没有其他更好的解决方案，比如调整工作时间，或者寻找其他同事的帮助，以便你既能处理好个人事务，又不影响团队的整体工作。"

这样的回答不但没有直接拒绝该成员的请求，而且表达了对其需求的关注和理解，同时保留了最终的决策权。

4.用好类比，传达意图

使用类比来传达拒绝的意图，是一种既含蓄又具有说服力的方法。它通过将当前情境与另一个更容易理解或接受的情境相比较，帮助对方间接感受到你的立场，在达到拒绝目的的同时，又不致引起对方的不适。

举个例子。有人邀请你去参加一个你不感兴趣的聚会，你可以这样拒绝："谢谢你的邀请，但你知道吗，吃鸡蛋并不需要见到母鸡。我非常享受与你的交往，但并不需要通过参加每一个聚会来维系我们的关系。"

这种方法的关键在于找到一个贴切且能让对方产生共鸣的类比对象，最终达到既能清晰传达信息，又能保持对话的友好氛围的目的。这个类比对象可以是日常生活中的事物，也可以是一个小故事、小寓言等。

特别是在面对一些不合理的请托时，既要照顾请托者的面子，又要坚守自己的立场。此时，不妨运用答非所问的策略，通过给出看似无关紧要的回答，来巧妙暗示请托者我们的真实态度。这种方式不仅让请托者领会到拒绝的真实意图，还有效避免了直接拒绝带来的尴尬。

借用"别人的意思"来拒绝

对他人说"不",一种比较棘手的情况是,不便说出真实原因的同时,又找不到可信而合理的借口。那该怎么办?这时,不妨选择借用"盾牌"——引用他人意见、规则限制或外部环境因素等作为拒绝的理由,以此作为一种自我保护机制。特别是对于一些不擅长直接说"不"的人,借助"别人的意思"来拒绝,可以在心理上减少拒绝他人的内疚感,是一种不错的自我心理调适的策略。

打个比方,一名推销员向你兜售一些商品,你可以态度礼貌而坚定地说:"谢谢你的好意,我倒是想买啊,可是家里的财务都是老婆在管……"这种拒绝的理由,既显得真实可信,又照顾到了对方的感受,避免了直接拒绝可能带来的尴尬。

相比其他一些委婉的拒绝方式,借用"别人的意思"来拒绝,有几个明显的优势。

首先,它降低了直接拒绝的尖锐性,更易于被人理解和接纳。其次,它能让对方感受到你的诚恳态度,通常不会再对你"过分刁难"。最后,这种方法向对方展示了你并非最终的决策者,从而为你提供了一种优雅的退路。

在生活或职场中,当朋友或同事提出一些你难以满足的请求时,可以借用这种方式进行婉拒。比如,"我的一位企业家朋友说……""领导的意思是……""这件事大家都认为……"其实,这些所谓的

"朋友""领导""大家"压根儿就不存在，他们只是你为了婉拒而创造出来的"代言人"。如此，会让你的拒绝显得更加客观和有理有据，而不是单纯地出于你个人的主观意愿。其中的"别人"，既可以是具体的某个人，也可以是公司或部门。

举个例子：某家具公司的销售代表前往一家大型企业推销办公家具。销售代表找到了该企业的采购部门经理，并给出很大的优惠力度，希望对方能够下订单。采购经理礼貌地回应道："真的很抱歉，我们公司已经和另一家家具生产商签订了长期供货合同。根据公司政策，我们不能再从其他供应商那里采购家具了。我必须遵守公司的这一规定。"

这是一个典型的借"别人的意思"来拒绝的例子。例子中，虽然采购经理拒绝了对方的请求，但让对方觉得拒绝他的并非采购经理，而是"公司政策"。公司规定具有不可违反性，使采购经理的拒绝变得有理有据。

在许多情况下，巧妙借用外界因素或他人观点来表达拒绝之意，不失为一种有效的策略。要恰当地运用这一技巧，需要把握住以下几个说话的核心逻辑。

1. 引用共同认可的原则或规定

当需要拒绝时，可以提及相关的公司政策、行业标准或双方之间同意的原则，比如："根据国家的相关规定，启动这个项目需要具备三个前提条件，目前我们还不具备这三个条件，所以暂时还不能启动，请谅解！"

2. 分享第三方的客观意见

可以提及某个专家、书籍或研究的观点作为自己拒绝的理由，这样既表明了拒绝的客观性，又避免了直接对立，如可以这样说："我最近读到一篇分析报告，提到这种方法在类似情境下效果有限，我们或许可以探讨其他策略。"

3. 强调团队或集体决策

将决定归于更广泛的团队或集体，减轻个人责任感，同时表达出这是经过深思熟虑的，比如："我们在团队会议上认真讨论过，考虑到当前的资源分配，可能需要优先启动其他项目。"

4. 保持诚实与同理心

即便借助外因，也要确保自己的态度真诚，并表达对对方请求的理解和尊重，例如："我完全理解您对这个项目的关注，但从目前的工作安排来看，我个人难以承担更多的责任，希望能找到更好的解决方案。"

借"别人的意思"来表达拒绝之意，其核心在于保持平衡与真诚。借用"别人的意思"，不是为了逃避或欺骗，而是为了维护个人立场，促进相互理解和尊重。

需要特别注意的是，在使用这种方法时，"第三人"的选择非常重要。为了确保信息的权威性和说服力，应该尽量选取那些在人们心中有较高地位、被普遍认可的权威人物。一个受尊敬的"第三人"不仅能够为拒绝提供合理的依据，还能使对方更容易接受。当人们听到拒绝是基于某个权威人物或有一定影响力的人物的意见时，会下意识认为这个决定是相对公正且合理的。反之，如果"第三人"选择不当，那拒绝的理由就显得不够充分，缺少说服力。

再就是，不要频繁地借用"别人的意思"来拒绝，用的次数多了，别人就不清楚真正的反对意见来自哪里，并可能猜测你背后的真实动机，甚至产生不必要的误解和猜疑，从而恶化人际关系。

总之，在日常人际交往中，得体且巧妙地借用"别人的意思"来表达拒绝之意，是一项不可或缺的软技能。它保证了在维护原则和个人立场的同时，保持了与他人的良好关系。

拒绝时不忘帮着"打圆场"

在人际交往中,拒绝往往被视为一种潜在的摩擦源,容易在双方心中激起波澜。然而,拒绝的艺术在于,如何以温柔的笔触,勾勒出理解和尊重的轮廓,从而避免情感的破裂。

拒绝时帮着打圆场,就属于这样一门艺术,它不仅是语言的技巧,更是心灵的桥梁,旨在传递这样一个信息:即便无法满足你的请求,我依然尊重你,珍视我们之间的关系。

"打圆场"中的"打",并非指打击或打压,而是指搭建桥梁,连接人与人之间的情感;"圆场"则意味着圆满、周全,是一种平衡与和谐。所以,"打圆场"就是在人际关系中搭建一座桥梁,用善意和智慧去连接彼此的心灵,化解矛盾和尴尬。

无论是反对他人的观点、拒绝他人的要求,还是申明个人的立场,为了避免出现唐突、尴尬局面,都可以灵活运用以下几种"打圆场"策略。

1. 善意曲解,缓解尴尬场面

善意曲解,即通过巧妙的话题转换,使原本直接的拒绝变得更为柔和,更易于接受。例如,当你与某人在某个敏感话题上产生分歧,对方可能因情绪激动而做出一些偏激的言论或行为。在这种情况下,直接反驳或指责对方往往只会加剧紧张气氛。这时,可以采用善意曲解的策略，将对方的言论或行为朝着一个更为积极、无害的方向引导。也就是说，可以采用故意"误会"的办法，将错就错，装作不明白或故意不理睬其言语行为的真实含义，而从善意的角度来做出有利于化解尴尬局面的解释。

2. 转移话题，制造轻松气氛

当尴尬或僵持的情况出现时，情绪冲动可能会让双方在某些问题上僵持不下。这时，可以采用转移注意力的方法，将话题从一个可能引起冲突或尴尬的点转移到另一个轻松、愉快的话题上。

举个例子，在一个会议中，如果大家在某个敏感问题上争执不下，导致气氛尴尬，甚至影响了整个交流进程，这时，可以选择暂时回避这个问题，并引入一些轻松有趣、大家都能参与讨论的话题。这样能有效缓解紧张的气氛，为双方提供一个缓冲，让大家有机会冷静下来，从不同的角度重新审视原先的问题。

此外，也可以用幽默的方式淡化严肃的话题，通过适当的调侃或自嘲，降低对话的紧张度，让彼此在轻松愉快的氛围中继续交流。

3. 找个借口，给彼此搭建台阶

拒绝别人后，为了给双方一个缓冲，避免出现尴尬或冲突，找个合适的借口为彼此搭建一个下台的阶梯是明智的做法。这一行为背后蕴含着对人性的深刻理解与尊重，它不是逃避或欺骗，而是用柔软的力量包裹可能产生的棱角，使互动更加顺畅与温馨。

试想，当你不得不拒绝一位朋友的求助时，或受时间冲突、能力所限，或由于其他私人原因，直接拒绝虽直截了当，却可能给对方带来失落或尴尬。此时，找一个恰当的借口，会让拒绝显得不那么"冰冷"，如可以说，"近期工作项目正值紧要关头，我已经被加班占据了大部分时间，恐怕无法抽出空闲来帮忙"，这样的说法提供了一个客观的、不易引起争议的理由,使得拒绝听起来合情合理,易于接受。

可以说,拒绝时的借口是人际交往中的一抹润滑油,它能帮助你以更加圆滑的方式处理冲突与拒绝,让彼此在理解与尊重中找到平衡。

当然了,不论是打好哪种圆场,都必须先把自己带入场景内,去感受别人可能感受的那份尴尬,而不是一味带着情绪说话,在减少尴尬的同时展现良好的个人素养。

在人际关系中,要想使拒绝不再是冰冷的"切割",而是转变为温暖的"疏导",关键在于打好圆场。运用好上述打圆场技巧,不仅可以维护个人的界限,还能巧妙地呵护人际关系的和谐,在拒绝与打圆场之间找到平衡,从而让每一次说"不"既有立场又不失温度。

第十二章

不同的场合,不一样的场面话

在庄重的商务宴会上,场面话如同一杯陈年佳酿,需细细品味;在轻松的朋友聚会上,场面话如同欢乐的音符,欢跳在愉快的氛围中……不同的社交场合,场面话的运用如同调色盘上的色彩巧妙搭配,为每一次互动送上独有的韵味。

不同的场合,说不同的话

在生活中,有一些人很擅长说场面话,无论是轻松的聚会,还是正式的饭局,他们总能以得体的语言应对自如,展现出与众不同的魅力。这些人,我们称之为"应酬达人"。他们不仅能与任何人轻松交谈,而且能够根据不同的场合调整自己的语言风格,真正做到了"见什么人说什么话,到什么山唱什么歌"。

对于那些缺乏场面历练的人来说,常常会表现出一定的"社恐",在场面上说话,不是扭扭捏捏,让人着急,就是说出的话不伦不类,让人扫兴。事后,自己还一肚子怨气,抱怨让自己上台讲话的人,并发誓"以后再也不参加各种聚会了"。

其实大可不必,场面就是做给人看,话也是说给人听的,没有必要唯恐避之不及。为提升社交能力,拓展人际关系,一定要学会说场面话。即便大家对你这个人的评价不错,但是,你在场面上不会说话,一说话就出岔子,就出"事故",那别人还敢接你的话吗?还能高看你一眼吗?

所以,场面话还得说,而且要说得漂亮,要能在不同的场面说,什么时候你能灵活、从容、自信地应对各种场面,说出的话漂亮又受听,那你就掌握了社交的主动权。为此,从现在开始,要学会说不同的场面话。

1. 恭喜道贺的场面，说吉利话

恭喜道贺是我们日常交往中经常说的一种场面话。每当身边的人遇到好事，我们都会送上热烈的庆祝和美好的祝愿。这不仅是传递我们对对方的理解、支持、关心和鼓励，更是抒发我们内心情感、增进彼此友谊的好时机。

在喜庆的场合，发表祝贺词时要特别注意礼节，称呼要得体且亲切，最好能够脱稿表达，这样更能显示出我们的真诚和用心。同时，要避免说出不吉利或让人伤心的话语，而应该多说一些吉利、欢快的话，让人们感受到温馨和快乐。让我们的言语成为传递喜悦和祝福的使者，让每一个听到的人都能感受到这份美好。

2. 离别的场面，说告别话

当客人即将离开时，以诚挚的话语为他们送行，这既是礼节之意，也是情感之寄。你可以轻快地说"再见啦""慢点走哦""非常期待您下次的光临"，或者"以后有时间常来坐坐"等温馨话语。在说这些送别的话语时，记得要保持真诚与自然的态度，避免显得匆忙或敷衍，这样，对方才能在心中留下美好的回忆，感受到友情的延续。特别是对于那些初次到访的客人，我们在话别时更应该考虑周全，可以向他们推荐附近的交通和住宿信息，让他们感受到我们的关心和周到。

3. 助人的场面，说勉励话

每个人都可能遭遇挫折、不公或困难。当朋友、同事或亲人陷入这样的境地，他们往往需要的不仅是物质上的帮助，更重要的是精神上的支持。在他们向我们倾诉时，他们渴望得到理解，希望有人能为他们站出来，说出公道话。

这时，应该用恰当的话语去鼓励他们，可以说"我知道这对你来说很不容易,但我相信你有足够的力量去克服这一切"或者"你一直都很坚强,我相信这次你也能挺过去"。这样的话语,不仅能够表达我们的同情和体谅,还能够给予他们信心和力量,帮助他们重新振作起来,面对生活中的挑战。

4. 弥补过失的场面,说道歉话

一份真挚的道歉不仅能够及时弥补情感上的裂痕,甚至能进一步加深彼此的了解与感情。因为愿意承认并纠正自己的错误,本身就是一种真诚和勇气的体现。

当我们需要道歉时,语言的选择尤为重要。我们必须确保自己的话语足够诚恳,以免引起对方的反感。可以适当解释事情的经过,但要避免过分强调客观理由,以免显得缺乏诚意。同时,道歉的时机也不容忽视。一旦意识到自己的错误,就应尽快向对方表达歉意,拖延只会让道歉变得敷衍。

在道歉时,要正视自己的错误,勇于承担责任。对自己的错误,无须遮遮掩掩,堂堂正正地表达歉意更能赢得对方的尊重。为了增强道歉的效果,可以在"对不起""抱歉"等词语前加上"很""非常"等程度副词,以表达自己的悔意和难过之情。这样做不仅能让对方感受到我们的真诚,还有助于双方共同寻找解决问题的办法,从而恢复甚至提升彼此之间的关系。

其实,只要掌握了不同场面的特点,说好场面话并不困难。平时,在人际交往中要多留心观察,细心揣摩,注意不同场合下人们的言谈举止,捕捉那些微妙的语气变化和情感流露,通过不断地实践和总结,会逐渐领悟到在各种场面下应该如何措辞,如何把握分寸,让自己的话语更加得体、贴切。

高情商应对尴尬时刻

在一些场合,尴尬总是不期而至,像一个突如其来的访客。它可能源于一句失言,一个不合时宜的笑话,或是触及了某些敏感话题。在这尴尬的时刻,能否保持冷静并运用机智的言辞化解困境,既是对个人情商的考验,也是维系和谐场面气氛的关键。

在一次公司晚宴上,各部门员工聚集一堂,气氛轻松愉快。然而,在某个瞬间,小刘无意中提到了一位即将离职的同事,而这位同事的离职原因不便公开。这个话题突然让现场气氛变得有些尴尬,因为谁都不想在这个场合谈论这个话题。

这时,小刘也意识到自己说错了话,只见他深吸一口气,微笑着说:"哎呀,看我这张嘴,好吃好喝都堵不上!咱们今天的聚会是为了庆祝大家一年来的辛勤付出,不是为了谈论过去的不快。来,让我们举杯,为新的一年和大家的未来干杯!"大家也顺势纷纷举起了酒杯,气氛又热烈起来。

在社交场合遇到尴尬瞬间时,保持镇定并巧妙应对,不仅能够缓解紧张气氛,还能展现个人的应变能力和社交智慧。以下是一些常用策略。

1. 迅速反应，幽默化解

幽默是化解尴尬最有力的武器。当尴尬发生时，用一句自嘲或轻松的玩笑迅速介入，转移大家的注意力。例如，不慎打翻饮料时，可以说："看来我不仅想给这顿饭加点调料，还想给桌子换个新装呢！"

2. 直接且温和地应对

在处理敏感或可能引发尴尬的话题时，可以直接而温和地表达你的观点，例如，在一次聚会上，有人向你提出了一个尴尬的话题——询问你的收入，你可以直接但温和地回应："我觉得这是比较私人的事情，就不拿出来分享了，我更愿意分享一些工作上的心得或者有趣的经历。"这样的回答既表达了你的观点，也拓展了话题，避免了尴尬。

3. 转换话题，无缝衔接

在必要时，可以明确而礼貌地设定对话界限。如察觉到将可能产生尴尬气氛，立即引入一个大家都感兴趣的新话题，如最近的热门新闻、轻松的娱乐信息或共同的经历，迅速转移大家的注意力。例如："还是说说最近上映的那部电影吧，我觉得……"

4. 共情表达，表示理解

通过展现同理心让尴尬的一方感受到理解和支持。例如，如果有人因迟到道歉，可以温和地说："我们都理解，城市交通有时候就是这么不可预测，重要的是现在我们聚在一起了。"

5. 适时沉默，做好留白

有时，尴尬的瞬间并不需要立即填满，适当的沉默可以给人们时间自然消化，随后再找机会轻松过渡。比如，一个尴尬的沉默之后，可以简单地说："好了，让我们继续享受美食，在美食中换换心情。"

6. 打好圆场，帮人解围

当发现某人处于尴尬境地时，要学会帮其打个圆场，比如，在一次酒局上，小王喝多了，开始胡言乱语，场面有些尴尬。这时，一位朋友站出来帮他打圆场："小王，你这段时间确实受委屈了，但是现在大家都在酒桌上吃饭呢，不要让大家不开心，有什么不满意的地方，咱们吃完饭再找个地方聊聊，好不好？"

尴尬时刻虽难以预料，却也是展现个人智慧与魅力的绝佳时机。在每一场尴尬的小插曲中，如果能以巧言妙语应对，不仅能从容地化解"危机"，帮助自己或他人走出窘境，还能把握住微妙的平衡，守护好彼此的情感舒适区，这在无形中拓宽了自己的社交边界，拔高了自己的社交形象。

打破冷场，做氛围调节师

在社交场合，人们最害怕出现的情形就是"冷场"。一旦出现冷场，会让在场的人觉得很尴尬、不自在。这时候，就需要有人出来打圆场，说几句场面话，重新调动气氛，提升人们的活跃度。

在某公司年会的茶歇时间，大家聊得热火朝天，突然，一位同事插入一个敏感的话题："哎，听说公司明年要大裁员，你们听说了吗？"顿时，场面沉寂了下来。

见状，部门主管老王微笑着站了起来，说："看来咱们的话题列车需要加点燃料继续前行了！大家都知道，咱们团队里藏龙卧虎，每个人背后都藏着不少有趣的小故事。不如这样，我们来玩个'最意想不到的特长'接龙游戏吧。我先来抛砖引玉，大家可能不知道，我大学时期可是校园魔术社的骨干，偶尔还能变个小魔术逗乐大家呢。接下来，谁愿意分享一个自己的隐藏技能或者不为人知的小趣事，让大家见识一下？"

他的这一番话，不仅巧妙地以分享个人小秘密的方式拉近了与同事的距离，也为大家提供了一个轻松愉快的话题入口，迅速调动起了现场的氛围，现场一片欢声笑语。

之所以会出现冷场，无非有两个原因：一是话题枯竭，二是氛围凝重。也就是说，当讨论的话题变得乏味，参与者不再有新鲜感时，大家就会失去继续交流的兴趣。另外，如果现场氛围过于正式、拘谨，或者存在紧张、尴尬的情绪，参与者可能会因为担心说错话而不愿意开口，造成交流停滞。

在清楚了冷场的原因后，为了打破冷场，可以从下几方面入手。

1. 引入新话题

如果在聚会中发现大家对话题不感兴趣，可以说："对了，前几天我看到了一部非常有趣的电影，你们有没有看过？"这样可以将话题转移到电影上，激发大家的讨论。如果新话题依然没能引起积极响应，不要强行继续，适时转换方向或提议休息。可以说："看来大家都需要点时间放松一下，不如我们先享用美食，休息片刻，等会儿再聊？"

2. 运用幽默

如果气氛变得紧张，可以适当加入一些轻松的笑话来缓解气氛。例如，当会议讨论进入胶着状态，气氛略显沉闷时，适时插入一句："你们知道为什么程序员不喜欢在户外工作吗？因为那里有太多的bugs（虫子），但他们只擅长解决计算机程序里的那种！"这样的科技圈内的笑话，既能引起共鸣，又巧妙地将话题从紧张的讨论中暂时抽离，让大脑得到片刻休息，同时展现出演讲者的风趣与亲和力。

需要注意的是，运用幽默时，要确保笑话内容健康、正面，避免涉及政治、宗教、种族、性别等敏感话题，以免无意中触碰到他人的禁忌。另外，要注意场合及说话的时机、分寸，避免冒犯他人。

3. 提问引导

遇到沉默不语、气氛沉闷的情况时，采取主动提问的方式来引导和激发参与者的热情,是一种极为有效的策略。通常,可以通过开放式提问、分组讨论、假设性问题、直接点名邀请发言等方式来提出问题。比如,在小组讨论中,如果发现大家都不发言,可以问"那么,大家对这个问题有什么看法吗?"或者"有没有人愿意分享一下自己的经验?"这样的提问可以鼓励大家参与讨论。

4. 分享趣事

当发现交流中出现了冷场,适时地讲述一个轻松幽默、积极向上的个人趣事,不仅能够有效打破僵局,还能促进现场的气氛变得活跃和融洽。比如:"上次我去旅行的时候,遇到了一件非常有趣的事情……"分享故事可以吸引大家的注意力,激发他们的兴趣。

需要注意的是,要挑选那些普遍能引起共鸣、不涉及敏感话题的故事,最好是积极向上、富有正能量的,避免讲可能让人感到不适或冒犯的内容。此外,要根据当前场合的正式程度和时间安排来调整故事的长度和内容,确保不会占用过多时间或偏离聚会主题。

5. 关联热点事件

在聚会或会议中,适时引入当前的热门话题或事件,能够迅速吸引大家的注意力,提高参与感和互动性。比如,提及大众熟悉的电影、音乐、书籍等文化元素,引发共同回忆或评价。在引入热点时,要保持中立客观的态度,尊重不同的观点和意见。可以先简短介绍事件背景,然后提出开放式问题,例如"这个事件对我们行业可能产生哪些影响?"或"你认为从中可以学到什么?"鼓励大家从不同角度发表见解。

在社交互动中,冷场或许会不期而至,如同一场突如其来的寒流，让原本期待的热烈交流骤然降温，空气中弥漫着尴尬。但是，每一个尴尬的沉默时刻，都是一个展现才华的机会。学会如何打破冷场，成为一位优秀的氛围调节师，不仅是对自己沟通能力和应变能力的锻炼，更是对社交场合中每个人情感需求敏锐洞察的考验。

三角交流：从"应景"到"造景"

在许多社交场合与职场中，我们身处的交流环境往往复杂多维，不仅涉及直接对话的双方，还可能包括周围潜在的观察者与参与者。这就要求我们在表达时，不仅要考虑如何精准传达信息，还需顾及在场人的感受、这些感受如何相互影响，以及可能产生的后果。这种全方位的交流，我们称为"三角交流"。

传统的场面话，侧重于顺应场合，做到不出格、不失礼。然而，在三角交流的视角下，场面话更应成为一种主动"造景"的艺术。通过精心设计的言语，不仅适应现场氛围，更能积极塑造氛围，引导情感流动，力求使在场的每个人都成为这场互动盛宴的积极参与者。

例如，在一个团队的庆祝会上，主持人不仅通过轻松幽默的开场白活跃气氛，更巧妙地将团队成员的小故事穿插其中，既表彰了个别成员，又让全体成员感受到被看见、被认可的理想状态，同时，这样的交流方式也向在场的高层领导展现了团队的凝聚力与活力，实现了自我、直接听众与潜在听众间情感与利益的多重共赢。

那么，在有多人的场合中，如何做到三角交流，最大限度地照顾到在场每一个人的感受呢？

1. 了解现场听众

在说话之前,尽可能地了解在场的每一个人。条件允许的话,要深入了解他们的身份、背景和兴趣。比如,在商务会议上,了解与会者的职位、专业背景以及他们在公司中的角色,可以帮助自己更精准地定位发言内容,使之更贴近听众的实际需求和关注点。

在发言的过程中,要时刻留意听众的面部表情、肢体语言和偶尔的窃窃私语。这些细微的反馈往往能反映出他们的真实想法和感受。如果观察到听众表现出困惑或不解,就需要及时调整自己的语言表述或者内容深度,以确保信息能够准确无误地传达。

2. 运用包容性语言

对自己的语言要进行仔细的审查和筛选,确保所选择的词汇和表达方式不会触及任何人的敏感点。例如,在讨论性别、种族、宗教、年龄等敏感话题时,要特别小心,避免使用容易造成片面认知或歧视性的语言,要多选择中性、普遍适用的措辞。这样的措辞能够跨越各种背景、文化和观点的鸿沟,确保自己的话语能够引起更广泛的共鸣。

3. 寻找最大"公约数"

当人们感受到彼此间的相似之处,无论是共同的目标、兴趣爱好,还是相似的经历与挑战,都会更加倾向于开放心态,积极地参与交流。所以,在任何社交互动或公开演讲中,寻找并强调共同点,也就是寻找大家的最大"公约数"是一种有效的三角交流策略,能够迅速拉近与听众的心理距离,构建共鸣的基础。比如:"在座的朋友们,你们中有人也有过类似的挑战吗?你是如何克服的呢?期待你宝贵的分享。"这样的提问打开了交流的大门,让听众感觉到自己的声音也被重视。

4. 关注在场的所有人

不论在什么场合，人多的时候，不要埋头只与一个人聊，要确保在场的每一个人都能感受到被尊重、被重视。所以，在发言或交流过程中，有意识地轮流与在场的每一个人进行眼神接触。例如，在讨论或互动环节，有意识地轮流邀请不同的人分享观点或回答问题。又如，在表达观点时，使用"我们""大家"等包容性词语，而不是频繁使用"我"或指向特定个体。通过类似的方法，可以构建一个更加均衡、包容的交流空间，促进更深层次的连接和理解。

在三角交流或多边交流情境下，只有照顾到现场每一个人的感受，让每一个人都感到舒适和被尊重，才能营造一个和谐、积极的交流氛围，实现深入、有效的交流。